Meleken an der Elbe bei Brokdorf

Wir standen am Ufer der Elbe
Und sahn wie der Sonnenball fällt
Sie schwieg mir was über sich selber
— ich schwieg ihr was über die Welt
Und quer durch die sumpfigen Wiesen
Glitt lautlos ein bunter Koloß
Container, rotgraugrünblaugelbe
PACIFIC-LINES „Albatros"

Die Schafherde graste den Deich lang
Es glänzte im letzten Licht
Die goldene Kuppel von Brokdorf
Da küßte sie mein Gesicht
„Warum, meine Liebe, was soll das?"
Sie lachte: „Weil's mir so gefällt:
Ich schweig dir was über uns beide
Und du schweigst mal wieder die Welt"

Wolf Biermann

Barbara

Wolf Biermann

Barbara

Liebesnovellen und andere Raubtiergeschichten

Ullstein

Gedichte kann ich, Lieder auch.
Aber ohne die Poesie mit Pamela
gelänge mir keine Prosa

Wolf Biermann

MIX
Papier
FSC FSC® C014496

ISBN: 978-3-550-20025-0

2. Auflage 2019

Lektorat: Christian Seeger
Gesetzt aus der Fairfield LT
Satz: Pinkuin Satz und Datentechnik, Berlin
Druck und Bindearbeiten: GGP Media GmbH, Pößneck
Printed in Germany

Garance comme une fleur

Nach dem Bau der Mauer, und noch lange vor meinem Verbot 1965 im Dezember, bot mir ein Bett im Krankenhaus eine willkommene Klausur. In der Charité, zwischen Luisenstraße und Mauer, entfloh ich den Vorhaltungen meiner einzigen Brigitte. Ich hatte sie mal wieder betrogen mit gleich zwei jungen Frauen, die es mir zudem komisch bequem machten, denn beide hießen Ingrid. Und ich genoss dabei den Kitzel einer politischen Eroberungsromantik: Der Rebell raubt seinen Widersachern, den übermächtigen Ober-Genossen, die Weiber. Es waren zwei bildhübsche Töchter der Nomenklatura.

Unhaltbar wurde diese wacklige Konstruktion aber, als die beiden Studentinnen sich eines schönen Tages gegen mich verbündeten. Gemeinsam suchten sie mich heim. Mir halfen keine charmanten Lügen mehr, keine Macho-Ausrederein. Kaltherzlich setzten sie mich auf'n Topp. Peinlich! Pein-lich! Pein, also Schmerz. Und schmerzlich, besonders für meine leidgeprüfte Brigitte.

Ich haderte mit meinem Katzenjammer, will sagen: ein selbstmitleidiger Katerjammer. Schluss mit all diesen Larifari-Liebeleien! Eine Ohrenentzündung hatte mich aus dem Verkehr gezogen. Im Krankenhaus besuchte mich Freund Robert. Dem Havemann klagte ich mein banales Leid. Und berühmte mich bei dieser günstigen Gelegenheit mit einer billigen Beknirschung. Ich beteuerte: »Nee, Robert. Von jetzt an nie wieder …« Genauso moral-schlitzohrig nahm der Freund mich in Schutz: »Jeder ist auf der Suche nach der idealen Frau seines Lebens!« Und er lachte: »Das kenn ich! Die Sehnsucht des Mannes nach Monogamie befällt ihn immer nur im schwachen Zustand, wenn er der liebevollen Pflege bedarf!«

Ich sollte noch zwei Wochen zur Beobachtung im Krankenhaus bleiben. Die Zeit kroch dahin. Die Langeweile, mon dieu! Lahm und taub lag ich in strenger Betthaft und vertrieb mir die Ewigkeiten durch Lesen in Hölderlins Hyperion. Leere Blicke auf die rote Apfelsinensonne im Fenster nach Westen. Der kühle Herbst flammte in seinen warmen Friedhofsfarben, das tröstete mich nicht.

An einem dieser düsteren Tage aber ging mir die Sonne auf. Eine Krankenschwester erschien in meinem Zimmer. Sie wollte Blutdruck messen. Nur zu! Als ich die Neue sah, erzitterte mein Herz. Galant zog ich die große, butterbleiche Frau ins Gespräch. Zog sämtliche Register, die zum Repertoire eines ausgekochten Verführers gehören. Fragte sie im Frauenversteher-Ton nach ihrem Leben. Und auch das kommt immer gut: Ich machte paar Witzchen auf eigene Kosten.

Mein Katerjammer? – vergessen! Beknirschung? – passé! Diese schöne Helena stachelte all meine Lebensgeister. Ich gockelte, ich schnurrte und schmeichelte dumm rum wie ein gewiefter Weiber-Leiber-Zeitvertreiber. Und nannte mich einen Dichter. Einen Liedermacher. Sie kannte weder dieses sonderbare Wort noch irgendwas von irgendeinem Wolf Biermann.

Nach ihrem Namen fragte ich die Schöne nicht, weil den wusste ich sofort: Garance! Sie war es. Endlich! die Blume meines Lebens, Garance comme une fleur ... Ironischerweise war es ausgerechnet ma chère Madame Brigitte gewesen, die ihren Hamburger Fischkopf Biermann vor paar Jahren nach Westberlin in ein kleines Kunst-Kino auf'n Ku'damm gezottelt hatte. Sie zeigte mir ihren Lieblingsfilm, »Les Enfants du Paradis«. Alles französisch. Und meine gelernte Pantomimin Brigitte übersetzte mir die hinreißenden Dialoge des Poeten Jacques Prévert. Die Hauptrolle des Pantomimen Baptiste im Theater der Seiltänzer spielte der geniale Jean-Louis Barrault, den scheuen Star des »Théâtre des Funambules« am Boulevard du Temple in Paris.

Ich erkannte in dem leuchtenden Madonnengesicht dieser Krankenschwester sofort die Schauspielerin Arletty. Ihre Rolle in diesem Jahrhundertfilm »Die Kinder des Olymp« ist die einer Bohème-Halbhure. Die Geschichte des Films spielt in genau den Jahren, als unser Heinrich Heine dort lebte, nicht etwa »wie Gott in Frankreich«, sondern göttlicher: »wie Heine in Paris«. Die Arletty spielt diese Rolle der Garance als ein bon vivant Ur-Weib. Und zugleich kuschelig, also chaud comme une caille! Seit ich diesen Film gesehn hatte, suchte ich – mag sein hinter dem eigenen Rücken – meine DDR-Garance.

Und nun stand sie vor mir. Trotz ihrer Krankenschwesterkluft sah ich genug. Ihre Haut schimmerte perlmuttern. Ihre Hände wie Mai-Schollen. Fett war diese Ostberliner Garance nicht, aber üppig. Das Fleisch! die Poesie! die Philosophie! Das Gesicht! Der beseelte Blick! Mich überflutete eine Begeisterung, die herrlich hysterisch war: Die Begierde hat gute Gründe, ist aber maßlos übertrieben. Im Krankenbett niedergestreckt, glotzte ich die Schöne romantisch an: nicht irgendeine Frau, die man verführen will, sondern *die* Frau!!

Ich weiß nicht, warum grad kleine Männer so scharf sind auf größere Menschinnen. Mit meinen gierigen Augen roch ich beides, ihre Lebenslust und zugleich eine wunderbar tiefe Melancholie. Ihr bittersüßer Kussmund holte mir das geschliffene Wort von Victor Hugo aus dem Gedächtnis hoch: »Melancholie ist das Vergnügen am Traurigsein.« Genau das suchte ich. Endlich, hier in der Hals-Nasen-Ohrenklinik der Charité, hatten die Götter des Olymp mir meine Garance zugespielt. Kein Traumbild, die

Frau war aus Fleisch und Blut. Nur verkleidet als Krankenschwester. Ich hatte Glück: Sie fiel auf mich rein. Und mein extravaganter Kosename Garance gefiel ihr sogar.

Nebbich – ich wurde wieder kregel. Nach noch ein paar Tagen entließen mich die Ärzte. Und meine große bleiche Garance versprach mir, mich zu besuchen. Ein paar Lieder würde sie sich gerne mal anhören. Allein die Aussicht machte mir Hoffnung. Diese blonde Üppige wollte ich unbedingt verschlingen. Und als sie dann verlegen in der Tür stand – war im Grunde schon alles klar. Im Flur nahm ich ihr den Mantel ab, wir gingen ins Zimmer. Mit eleganter Drehung schwang sie ihr göttliches Hinterteil in den großen ledernen Ohrensessel und schmiegte ihren Lockenkopf an die Lehne. Sie lächelte sibyllinisch. Und kaum hatten wir die obligate Tasse schwarzen Tee mit Sahne und Kluntjes ausgetrunken, fielen wir übereinander her.

Und wie wunderbar sie auch im Dunkeln war! Ich entdeckte verblüfft etwas an ihr, was ich noch nie erlebt hatte. In meiner Venus wohnte tief innen ein Raubtierchen. Ein saftiger Schwellkörper vielleicht, nein, ein seltener Muskel musste das sein. Der schnappte nach meinem Will, zog ihn immer noch tiefer rein und massierte mein Zentralorgan im aufreizenden Rhythmus. Eine Fellatio naturalissimo! Es war das Paradies! Wir spielten das Spiel aller Spiele: Tier mit zwei Rücken. Making the beast with two backs – so flogen wir über die Dächer von Berlin-Mitte und hoch über die Mauer hin. Und landeten nach unserem rüden Ritt rücklings auf weichen Kissen. Ich klappte die Augendeckel hoch. Von der Häuserfront gegenüber schien eine Leuchtreklame durch das Fenster. Das Rot an der Wand über meinem Lotterbett. Darin schwamm meine Garance. Ich war selig.

Meine Frau im Nebenhaus – wir lebten wie verheiratet – merkte von meinem neuen Glück zum Glück nichts. So weit lief meine leichtsinnliche Fremdgeherei wieder mal bestens. Immer kam Garance zu mir, nie besuchte ich sie. Den Grund sollte ich bald wissen: Sie hatte einen kleinen Sohn, um den sich auch ihre Mutter kümmerte. Und nach ein paar Wochen beichtete Garance mir die unerhörte Geschichte einer Erpressung.

Ein Gynäkologe vom Krankenhaus Friedrichshain hatte sie geschwängert. Als das Kind geboren war, heiratete er sie nicht, sondern haute paar Monate später ab nach Westen. Kurz darauf wurde die junge Mutter »zur Klärung eines Sachverhalts« zum Magistrat bestellt. Ein Genosse ohne Gesicht, im typischen, im auffällig unauffälligen Anorak, holte sie ab. Er brachte sie zum Verhör in die Volkspolizei-Zentrale Keibelstraße. Ein kurzer Fußweg in die Unterwelt der Macht. Der Mann hinterm Schreibtisch spielte mit offenen Karten: »Ich bin Offizier des MfS. Wir sind hier bei den Genossen der Kriminalpolizei zu Gast, damit es für Sie etwas netter ist als bei uns im Ministerium für Staatssicherheit.«

Dann hielt er ihr eine kleine Rede: »Tja, Frau Schröder, Ihr Leben ist nicht einfach. Das Kind, die Arbeit in der Charité. Der Kindsvater, Herr Doktor Karl-Heinz Schweger, hat die DDR verraten. Er ist in den Westen abgehaun, obwohl er unserem Staat sein teures Studium verdankt. Republikflucht, das wissen Sie, ist in der Deutschen Demokratischen Republik bei Strafe verboten. Ihr sauberer Herr Doktor ist übergelaufen in das Land der Krupps und Thyssens und Schlotbarone, wo die faschistischen Revanchisten mit der NATO den nächsten Weltkrieg vorbereiten … Wir wissen, dass Herr Dr. Schweger sich inzwischen nach Dortmund abgesetzt hat. Da bemüht er sich im Hospital um eine Stelle in der Gynäkologie. Natürlich hat er seine Flucht mit Ihrer Hilfe vorbereitet. Und nun spekulieren Sie darauf, dass er Sie im Zuge der Familienzusammenführung nachholt. Aber daraus wird nichts! Beihilfe zur Republikflucht kostet in der Regel zwei Jahre Gefängnis. Oder ein paar Jahre mehr, je nach Schwere der persönlichen Schuld.«

Die junge Frau war geschockt. Sie beteuerte, dass der Vater des Kindes ihr im Vorfeld nichts von seinen Fluchtplänen erzählt habe. Sie wisse nicht, wie es ihm hatte gelingen können, abzuhaun. Und sie log mit der Lüge, der Arzt habe sie heiraten wollen. Da grinste der Offizier und schnarrte: »Wer's glaubt, wird selig!« – Noch ein Tritt.

Doch die getretene Seele hielt sich tapfer. Garance weinte nicht. So eröffnete der Stasimann routiniert die nächste Runde in diesem perversen Schachspiel. Es war absurd, denn meine Garance spielte nicht taktisches Schach, sondern naives Mensch-ärgere-dich-nicht. Sie blieb bei der Wahrheit, einfach, weil es die Wahrheit war. Der Vater des Sohnes hatte ihr wirklich kein Wort gesagt. Wer weiß, wahrscheinlich hatte der Mann sie einfach nur schützen wollen, und auf jeden Fall sich selbst.

Der Verhörer ätzte: »Wenn Sie wirklich nichts gewusst haben, ist das ja wohl rein menschlich auch ein Verrat an Ihnen und Ihrem gemeinsamen Kind!« – »Ja, da haben Sie leider recht«, stammelte die Verlassene. Der Mielke-Mann trieb sein Rollenspiel weiter: »Schau'n Sie, wenn Sie so offen und ehrlich mit mir reden, will auch ich ehrlich und offen mit Ihnen sein. Unserem Staat steht das Wasser bis zum Hals. Das Gesundheitswesen ist in Gefahr. Sie als Krankenschwester haben einen gewissen Einblick. Die medizinische Versorgung, um die uns die Werktätigen in Westdeutschland beneiden, bricht zusammen, wenn immer mehr Ärzte sich von den kapitalistischen Kopfjägern abwerben lassen. Ihr Herr Doktor hat seine Patienten hier im Stich gelassen! Gegen den hippokratischen Eid! Aus reiner Gier!«

»Wir haben daran Interesse«, fuhr der Offizier fort, »die Fluchtwege und Organisationsstrukturen dieser kriminellen Fluchthelfer aufzudecken. Skrupellose Menschenhändler machen ein Geschäft daraus, immer neue Schlupflöcher im Antifaschistischen Schutzwall zu finden. Falsche Pässe, präparierte Personenwagen mit eingebauten Hohlräumen. Grenzdurchbrecher mit gepanzerten Lastkraftwagen, die das Leben ihrer eigenen Kinder aufs Spiel setzen. Wir haben etliche Schleusertunnel nach Westberlin aufgespürt. Jeder kennt doch solche Geschichten, man hört schließlich auch mal den RIAS, oder? All das gefährdet den Weltfrieden und schadet unserem Friedensstaat.« Garance nickte zögerlich.

»Diesen Feinden der DDR müssen und werden wir das Handwerk legen. Und wenn Ihr feiner Herr Doktor Schweger Sie mit dem Kind wirklich so schäbig sitzen gelassen hat, wie Sie jetzt behaupten, dann müssen Sie das auch beweisen. Wir geben Ihnen die Chance dazu. Das entspricht dem humanistischen Menschenbild unserer Partei.«

Er schob ihr ein Stück Papier zu. »Sie schreiben jetzt hier, an meinem Schreibtisch, handschriftlich einen hübschen Liebesbrief an den Herrn Doktor nach Dortmund: ›Mein geliebter Karl-Heinz … Ich liebe Dich immer noch … Du fehlst mir … Unser Kind braucht seinen Vater … Hole mich und unser Kind bitte so schnell wie möglich hier raus … Du wirst schon die richtigen Helfer finden und die

Wege wissen. Und gib mir dann irgendwie Nachricht … Ich sehne mich nach Dir … Deine Dich liebende‹, na ja, und so weiter. Wie Sie das genau formulieren, ist uns egal, geht mich nichts an. Aber in diesem Sinne. Und dann schicken wir den Brief nach drüben. Seine Adresse haben wir, er wohnt noch zur Untermiete. Und alles Übrige erledigt sich dann von selbst. Wenn er Kontakt mit Ihnen aufnimmt, um die Flucht zu organisieren, sind wir am Ball und spielen von Anfang an mit.« Der Offizier in Zivil grinste zufrieden.

Wie betäubt schrieb Garance den Lockbrief. Der Offizier blieb höflich und geduldig. Er korrigierte paar Kleinigkeiten. Sie musste dann alles noch mal ordentlich abschreiben. Aber endlich klebte er das Kuvert zu, und sie war entlassen. Sie hetzte das Treppenhaus runter. Der Vopo im Glaskasten unten am Haupteingang drückte den Türsummer. Zehn Minuten später umarmte sie ihr Kind und erzählte unter Tränen alles der Mutter.

So weit – so schlecht. Immerhin hatte Garance sich die Adresse ihres Einstmals-Zukünftigen gemerkt. Traurig, aber wahr: Dieser Schuft hatte sich bei ihr wirklich nie gemeldet. Trotzdem schrieb sie ihm nun eine Postkarte: »Lieber Karl-Heinz, ich weiß nicht, ob wir uns überhaupt noch lieben. Egal, wie es mit uns weitergeht, ich will nicht, dass Du in die Falle tappst. Die Schweine haben mich unter Druck gesetzt. Den Brief an Dich musste ich unter

Aufsicht schreiben … Unser Paulchen ist süß, er kann bald laufen …«

Diese Karte warf sie natürlich nicht in irgendeinen Postkasten. Zwei Wochen später, zu Weihnachten, kam mit einem Tagesvisum die alte Elli aus Westberlin zu Besuch, Schwester der Mutter. Der Tante konnte Garance vertrauen. Die Alte schob sich die Post ins Unterhemd. So wurde die heikle Nachricht nach Westberlin geschmuggelt. Dort hatte Tante Elli die Karte ordentlich frankiert in den Kasten gesteckt. Es war gelungen, Karl-Heinz zu warnen. »Ich war unendlich erleichtert!«, erinnerte sich Garance.

Vier Wochen später jedoch wurde sie zu einem nächsten Verhör abgeholt. Diesmal in die Stasizentrale in der Magdalenenstraße. Der Offizier zischte: »Tja, das ist ja gar nicht nett, was Sie da gemacht haben!« Er legte eine Postkarte auf den Tisch. »Schau'n Sie mal hier, darf ich vorlesen …? ›Lieber Karl-Heinz, ich weiß nicht, ob wir uns überhaupt noch lieben. Egal, wie es mit uns weitergeht, ich will nicht, dass Du in die Falle tappst …‹«

Die Karte lag vor ihr. In Westberlin eingesteckt von der Tante. Was niemand – schon gar nicht Garance – damals für möglich hielt: Die Staatssicherheit operierte in Westberlin so selbstverständlich wie im eigenen Vorgarten. Jedes Blumenbeet unter Kontrolle. Der Offizier sagte: »Ja, das sieht für Sie jetzt aber gar nicht gut aus, Frau Schröder, das wird teuer. Viel teurer als nur Beihilfe! Sie haben ja mit krimineller Energie versucht, die Strafverfolgung eines Verbrechers zu vereiteln, der die DDR verraten hat. Rein menschlich hab ich mich sehr getäuscht in Ihnen.«

Die junge Frau irre vor Angst. Wie kann das sein? Wie war die Staatssicherheit an diese Karte gekommen?, dachte Garance. Der Mielke-Offizier versprach ihr drei bis vier Jahre Knast. Nicht Republikflucht, sondern schlimmer: Agententätigkeit. Die Allmacht dieses Mannes lähmte Garance. Es gab keinen Ausweg. Nichts war mehr zu leugnen. Sie konnte sich nicht verstecken. Es war ihre Karte, ihre Schrift – es waren ihre eigenen Worte. Sie saß in der Falle.

Tja, und wieder konnte der Stasimann ihr einen Vorschlag zur Güte machen. Die Schönheit war ihre Chance. Sie sollte sich im Auftrag der Staatssicherheit in Westberlin um interessante Männer kümmern. Eine Art Betreuung im Zwischenmenschlichen. Politiker, Wirtschaftsbosse, Sportler, Künstler. Der Offizier lächelte: »Wir müssen uns wehren, liebe Frau Schröder! Und da wäre es uns eine gute Hilfe, wenn so eine schöne junge DDR-Bürgerin, attraktiv wie Sie, die intelligent ist und auch mal mit gebildeten Leuten reden kann, uns dabei unterstützt! Überlegen Sie es sich gut. Sie könnten sich jetzt erkenntlich zeigen! Sie helfen uns, mit einigen wichtigen Leuten in Kontakt zu kommen, und Sie liefern uns verwertbare Informationen.« Er lächelte: »Sie müssen ja nicht jedes Mal mit solchen Männern gleich …«

Garance unterbrach ihn schroff. Niemals werde sie solche Schmutzarbeit machen. Da schmeichelte der Offizier: »Sehen Sie, das gefällt mir an Ihnen … Ihre Ehrlichkeit. Aber leider kann ich Ihnen dann nicht mehr helfen. Jeder ist seines Glückes Schmied. Wir zwingen niemanden … Ich bin eben kein Schwein, wie Sie sich auf dieser Karte hier ausdrücken. Unter uns – ich persönlich halte solche Beleidigungen aus. Aber die Genossen Richter und der Staatsanwalt denken da bestimmt anders. Schweine … Tja, mit mir Schwein hätten Sie Schwein gehabt … Hahaha«, grunzte das Schwein, »aber dieses dumme Wort wird Sie wohl ein Jahr extra kosten. Da wäre so 'n netter Abend in Westberlin doch viel angenehmer …«

»Ich bin Krankenschwester«, sagte Garance, »keine Hure!« Der Stasi griff den Gedanken auf: »Eben. Im Kalten Krieg sollten Sie als Krankenschwester für die DDR ihren Dienst leisten.«

Garance geriet in Panik. »Schauen Sie«, flötete der Mann, »ich bin wirklich kein Schwein, wir können uns diese Menschlichkeit leisten. Ich gebe Ihnen drei Tage Zeit. Sie müssen mit den Männern in Westberlin nicht immer gleich ins Bett gehen. Ich bin ja auch kein Zuhälter. Die Staatssicherheit ist schließlich kein Bordell.« Er griente: »Im Gegenteil, ich würde sagen, ich bin eher ein Offenhälter. Hahaha! Ja, ein Offenhälter! Hahaha … Ich halte Ihnen die Tür noch offen!« Der Stasimann fand sich witzig. Er lachte sich in den fetten Hals. »Aber nu mal im Ernst«, redete er weiter, »Ihr Kind und Ihre Mutter sind ja bei uns in sicherer Obhut. Um Ihren kleinen Paul wird sich unser Staat kümmern. Kein Problem …, es wird sich eine Familie finden, die dafür Sorge trägt, dass der Junge nach den Prinzipien unserer sozialistischen Menschengemeinschaft erzogen wird.«

Garance verstand. Die junge Frau brauchte keine Bedenkzeit mehr. »Ich mach das«, sagte sie kalt. Der Mann grinste: »Wir vertrauen Ihnen, liebe Frau Schröder! Eine Mutter lässt ihr Kind nicht so leicht im Stich wie ein Mann eine Frau …«

Von solchen »Einsätzen im Operationsgebiet«, die Garance nun gezwungen war auszuführen, hatte ich schon läuten hören. Eine Meldung war grad eben durch die Westpresse gegangen. Auf internationalen Druck war der frühere Sekretär der SED-Bezirksleitung Berlin, Heinz Brandt, ein ehemaliger Auschwitz-Häftling, nach drei Jahren aus der DDR-Haft in den Westen freigelassen worden. Der alte Kommunist war 1958 aus Ostberlin geflohen. Und 1961 in Westberlin in eine Falle gegangen. Ein Stasispitzel hatte ihm einen Whisky zugespielt, der mit einem Betäubungsmittel angereichert war. Als der Gekidnappte wieder zu sich kam, wachte er in einer Zelle in der Untersuchungshaftanstalt in Hohenschönhausen auf. Am Fußende seines Bettes stand Stasiminister Erich Mielke persönlich. Und spottete: »Tja, so sieht man sich wieder, Genosse Brandt.«

Mir dämmerte, in welch tragischer Konfliktsituation meine Flamme gefangen war. Um ihr Kind zu behalten, um selbst nicht im Knast zu landen, ging sie gelegentlich für die Stasi auf den Strich in Westberlin. Das Kind als Geisel im Osten. Sie poussierte mit Männern, die für das MfS von Interesse waren. Sie filterte konspirativ Informationen aus den Gesprächen. Die Erpresste verabredete sich mit ihren »Verehrern«, die natürlich nichts ahnten, zu einem Theaterbesuch, einem Abendessen. Sie trank ein Glas Wein und blieb nüchtern im Dienst. Sie tat, was sich daraus ergeben musste.

Was genau sie neben der Arbeit im Krankenhaus hatte machen müssen, danach fragte ich sie nicht. Ich wollte sie nicht beschämen. Was tun? Was lassen? Ich klagte: »Ach! ach! ach! meine Arme, meine Schöne, meine Liebe!«

Ich war über beide Ohren in sie verliebt. Stasi hin, Stasi her. Ich verdrängte meine Ängste. Ich hielt sie für meine Garance. Wofür sie mich hielt, weiß ich nicht. Vielleicht noch schlimmer als meine erotische Projektion, womöglich hielt sie mich für den Mann, mit dem sie von nun an ein neues Leben anfängt. Ich war vor allen Dingen eins: unglaublich scharf auf sie. Dass sie als Hure missbraucht wurde, tat mir nur leid und nur weh.

Garances Geständnis machte mich hilflos, gewiss. Ich versuchte sie zu trösten. Ihr Vertrauen berührte mich, ihre fatale Geschichte stachelte mich an. Jetzt erst recht, bildete ich mir ein, müsste ich ihr nicht nur beiliegen, sondern auch beistehn. Wir blieben ein heimliches Liebespaar. Sie besuchte mich in regelmäßigen Abständen, meine »liaison dangereuse« blühte im Verborgenen »comme une fleur«. Allerdings eine Fleur du Mal. Die Blume des Charles Baudelaire blühte mir im Schatten der Westsonne hinter dem Eisernen Vorhang zwischen Ost- und Westberlin.

Eines Abends kam Garance mal wieder nach ihrem Dienst in der Charité bei mir vorbei. Die Klamotten waren schnell abgestreift. Wir trieben die vertraute Sache. Und es lief so aufregend gut wie immer. Sie war so weich, so bleich und so stark. Und ich war so stark, so wild und schön hart. Ich vergrub meinen Kopf in ihre drallen Schenkel. Ihre Beine umschlangen mich. Ich hielt ihren bebenden Hintern. Diese Frau war einfach der saftigste Pfirsich, den ich je gepflückt hatte. Sie juchzte, und ich stöhnte. Ich zappelte als Fisch in ihrer Reuse. Sie küsste mich. Und flüsterte mir heiß ins Ohr: »Weißt du, und dass du ein Jude bist … mich stört das nicht!«

Und weil ich so wahnsinnlich klug bin, begriff ich sofort, dass meine Garance das überhaupt nicht schlecht meinte. Im Gegenteil! Sie meinte es gut, mir zugewandt. Eigentlich, hämmerte es mir durch den Kopf, will meine Schöne mir damit nur sagen, wie umwerfend sie mich findet! Und was für ein toller Liebhaber! So scharf, wie auch ich sie finde!

Natürlich hatte ich gemerkt, dass diese paar Worte ein bisschen blöde waren. Ziemlich dumm sogar. Himmelschreiend dämlich, genau genommen. Aber nein, ich wollte nicht darüber nachdenken noch rechten. Ich wollte mit meiner Paradiesblume weiter diese himmlische Sache treiben. Aufgeheizt, wie ich war, verteidigte mein Kopf die üppige Geliebte. Um nichts in der Welt wollte ich mir diese göttliche Liebschaft verderben lassen! Also: Weg mit diesem Satz! Vergessen! Jude … Jude … – was geht's mich an?

Jedoch, ich hatte die Rechnung ohne den Wirt gemacht. Mein Kopf wollte verdrängen. Mein Schwanz nicht. Er machte schlapp. Er spielte einfach nicht mehr mit. Er war beleidigt. Eingeschnappt. Mein dummer Schwanz hatte plötzlich einen schärferen Verstand als mein verliebter Kopf. Und das erwies sich als das Ende meiner seligen Illusion Garance.

Was konnte ich tun? Ich hörte auf mein kluges Freundchen. Ich zog mich an und ließ Garance halb angekocht liegen. Sprang zwei Treppen runter auf die Chausseestraße. Und eine Treppe im Nebenhaus wieder hoch. Ich legte mich ins Bett meiner liebsten Brigitte. Die schlief schon. Kein Palaver. Sie schlief schnell weiter. Und ich schlief ein.

Als ich am nächsten Morgen wieder rüber in meine Bude kam, war das Bett gemacht. Und die große schöne Frau, die bleiche Garance, sah ich nie wieder.

Die Liebe ist eine Produktion

Shakespeare, Sonett 66

Müd müd von all dem schrei ich nach dem Schlaf im Tod
Weil ich ja seh: Verdienst geht betteln hier im Staat
Seh Nichtigkeit getrimmt auf Frohsinn in der Not
Und reinster Glaube landet elend im Verrat

Und Ehre ist ein goldnes Wort, das nichts mehr gilt
Und einer Jungfrau Tugend wird verkauft wie'n Schwein
Und weil Vollkommenheit man einen Krüppel schilt
Und weil die Kraft dahinkriecht auf dem Humpelbein

Gelehrte Narrn bestimmen, was als Weisheit gilt
Und Kunst seh ich geknebelt von der Obrigkeit
Und simple Wahrheit, die man simpel Einfalt schilt
Und Güte, die in Ketten unterm Stiefel schreit

Von all dem müde, wär ich lieber tot, ließ ich
In dieser Welt dabei mein Liebchen nicht im Stich

(Nachdichtung Wolf Biermann)

Auch in den schlimmsten Weltuntergängen der Hitler-Stalin-Epoche, in den Fährnissen auf der Flucht vor den Faschisten, haben die Freunde Lion Feuchtwanger, Bertolt Brecht und Hanns Eisler sich natürlich über die Gräuel des Krieges ausgetauscht, aber daneben, das berichtete mir Eisler, auch immer über die Feinheiten der Kommasetzung bei Shakespeare. Für seinen erschütternden Roman »Exil« hatte Lion Feuchtwanger Shakespeares 66. Sonett ins Deutsche übertragen. Diese Feuchtwanger'sche Fassung ist es, die Eisler am 3. November 1939 in New York komponierte.

Es gibt kein Shakespeare-Sonett, das so stark und außerdem so berühmt ist und seit Jahrhunderten, so oft wie kein anderes, ins Deutsche übersetzt wurde. Feuchtwangers Version ist halb abgeschrieben von dem Versuch des Stefan George. Das ist schade, aber viel schlimmer als die stefangeorgelte Übersetzung ist dies: Die letzten beiden Zeilen des Originals – sie fehlen! Feuchtwanger hat sie einfach weggestrichen. Verwirrend, dass auch der Komponist Hanns Eisler das Sonett dermaßen kastriert übernommen hat.

Denn der tiefsinnige Witz dieser zwölfmaligen politischen Weltklage – die Welt ist schlecht, die Welt ist brutal, die Menschheit ist verdorben – ist in diesem Sonett ja einzig der Bruch nach der zwölften Zeile in das Allerprivateste:

Tired with all these, from these would I be gone,
Save that to die, I leave my love alone

Die ganze große Klage kulminiert in eine ergreifende Liebeserklärung: Ich halte die grauenhafte Welt nur aus, weil ich diesen einen Menschen liebe. Allein die Liebe ist der Grund, warum ich mich aus diesem Jammertal nicht davonmache in den Tod.

Den zum Marxismus konvertierten bürgerlichen Intellektuellen Eisler und Feuchtwanger passte diese Haltung offenbar nicht, weder in den Katechismus ihrer neuen kommunistischen Religion noch in ihre neue Moral, noch in die neu eroberte Denkschablone. Die Flucht ins Private galt den bildungsbürgerlichen Kopfkommunisten, mit oder ohne Parteibuch, als ein feiges Desertieren im Freiheitskrieg der Menschheit. Nicht »spießbürgerlich« eine bestimmte Frau, kein noch so heiß begehrter Mann, kein herzliebstes Kind – es musste im radikalen Marxismus der Glaube an den Fortschritt der Menschheit sein, die Treue zur Arbeiterklasse, die Parteidisziplin, das Ethos der Weltrevolution oder sonst etwas Hochpolitisches, was den Sinn fürs Weiterleben liefert. Das Credo hieß: Die Liebe, teure Genossen, lieben auch wir! Aber doch immer mehr die Liebe zur Menschheit als zu einem einzelnen Menschenexemplar.

Insofern war es logisch, dem Shakespeare den subjektivistischen Plot abzuschneiden. Dumm nur: Die Streichung der letzten beiden Zeilen macht den Geist geistlos. Die Amputation lässt den Text zu einem langweilig monotonen Klagegesang verkümmern. In der Hegel'schen Logik heißt das: die schlechte Unendlichkeit. Die radikale Streichung dokumentiert den totalitären Zeitgeist, der selbst unter den brillantesten Linken wütete, in den Köpfen von Brecht und seinen Gefährten, zu denen auch Ruth Berlau gehörte.

Ich weiß nicht, wer heute noch und überhaupt etwas über die Lebensgeschichte der Ruth Berlau kennt oder hören will. Der Brecht-Archivar Hans Bunge hat ein schönes Buch über sie verfasst: »Brechts Lai-Tu«.

Berlau, 1906 in Kopenhagen geboren, war Schauspielerin am Königlichen Theater und eine unternehmungslustige und lebenshungrige Schönheit. 1930 fuhr die wunderbar Neugierige mit dem Fahrrad! von Kopenhagen nach Moskau zu einem internationalen Theatertreffen. Der Aufenthalt in der Metropole der Weltrevolution erwies sich als Wendepunkt ihres Lebens. Direkt nach ihrer Rückkehr trat sie der Kommunistischen Partei bei. Sie gründete das erste Arbeitertheater Dänemarks.

Die taffe junge Frau wollte unbedingt den Dichter Bertolt Brecht kennenlernen, vor allen Dingen dessen Erfindung, das epische Theater, interessierte sie. 1933 traf sie den Dramatiker und seine Frau Helene Weigel im Hause der Schriftstellerin Karin Michaelis auf der dänischen Insel Thurø. Hier hatte das Paar auf der Flucht vor Deutschlands Nationalsozialisten Unterschlupf gefunden. Auch Margarete Steffin, Brechts Mitarbeiterin und Geliebte, war nach Dänemark emigriert.

Das Interesse am revolutionären Theater verband den Dichter und die junge, vielseitig begabte Berlau. Im Laufe der kommenden Jahre sollte Ruth, neben Steffin, zu seiner wichtigsten Mitarbeiterin werden. Und damit auch seine Geliebte. Brecht schrieb für seine »Lai-Tu« zahlreiche Geschichten. Und sie ließ sich in Kopenhagen von ihrem Mann scheiden.

Als 1939 Brecht, Helene Weigel und Margarete Steffin zunächst nach Schweden, ein Jahr später nach Finnland flohen, schrieb Brecht: »Von jetzt ab warte ich auf dich, wohin immer ich komme, und ich rechne immer mit dir. Und ich rechne nicht wegen dir auf dein Kommen, sondern wegen mir, Ruth.« Im Sommer 1940 war es so weit. Berlau verließ ihr Theater, ihre Existenz und ihre Heimat, um neben Margarete Steffin als Brechts Geliebte Nummer zwei weiter an seinen Theaterstücken mitzuarbeiten.

Wie der Dichter und seine Frau Helene Weigel, die Kinder Stefan und Barbara und die beiden Zuarbeiterinnen Steffin und Berlau in dem strohgedeckten Landhaus der Dramatikerin Helle Wuoijoki in Marlebäck zwischen den finnischen Birken miteinander auskamen, kann ich nur dunkel erahnen. Brechts Haltung zur Liebe war, wie er als Neu-Kommunist einmal murxistisch postulierte, nüchtern:

Liebe ist eine »Produktion«, und sein Verhältnis zu ihr von der »dritten Sache« geprägt. Der Klassenkampf. Die kommunistische Weltrevolution.

Als die deutschen Nationalsozialisten drohten, auch Finnland einzunehmen, floh die kleine Brecht-Compagnie 1941 über Leningrad nach Moskau. Dort verabschiedete Brecht sich von der an TBC erkrankten, todgeweihten Margarete Steffin. Ausgerechnet den Kommunisten Brecht zog es in das Land des Klassenfeindes, in die USA. Ahnte er, dass die »Brecht'sche Großfamilie« in der Sowjetunion Gefahr lief, im Gulag zu landen? Acht von zehn kommunistischen Exilanten, die sich vor Nazi-Deutschland nach Russland geflüchtet hatten, wurden in den brutalen dreißiger Jahren verhaftet und in Schauprozessen von Stalins Lemuren gefoltert, verurteilt und liquidiert.

Seine treue Ruth folgte Brecht und Helene Weigel bis nach Los Angeles, ging dann aber nach New York. Sie ergatterte eine gut bezahlte Festanstellung als Rundfunkjournalistin im »Office of War«. Die Beziehung zu Brecht war geprägt von ihrem brennenden Wunsch, Unabhängigkeit zu leben – was ihrem Meister missfiel –, aber auch vom leidenschaftlichen Interesse an der Arbeit mit dem Dramatiker an seinen Stoffen. Das Leben im Exil war hart. Das größere Elend aber war: Als sie schwanger wurde, verlor sie das gemeinsame Kind. Der kleine Michel kam viel zu früh auf die Welt. Ruth Berlau zerriss der Verlust, sie erlitt einen Nervenzusammenbruch. Selbstmordgefährdet blieb sie längere Zeit in einer geschlossenen Nervenheilanstalt.

Nachdem sie sich stabilisiert hatte, zog sie nach Kalifornien. Immer noch stand im Zentrum ihres Denkens und Fühlens Brecht. Sie legte ein erstes Foto- und Filmarchiv für ihn an. Zusammen mit dem genialen Schauspieler Charles Laughton arbeitete sie am Stück »Leben des Galilei«, an der amerikanischen Fassung, die Laughton dann in New York zur Uraufführung brachte.

1948 zog die Familie Brecht/Weigel zurück nach Europa. Ruth Berlau folgte ihnen nach Zürich. Noch im gleichen Jahr begannen die Verhandlungen in Ostberlin über die Gründung eines eigenen Theaters für den großen deutschen Dramatiker. Brecht und Weigel gründeten ihre eigene Truppe, das »Berliner Ensemble«, zunächst als Gast unter dem Dach des Deutschen Theaters in Ostberlin. Die Premiere von »Mutter Courage und ihre Kinder« im Januar 1949 wurde zu ihrem spektakulären Erfolg. Berlau stand Brecht zur Seite. Sie dokumentierte auf Schwarzweißfotos Hunderte Theaterszenen, die später als Grundlage dienten für Brechts Regie-Modellbücher.

Traurig und wahr: Trotzdem wurde Ruth Berlau für Brecht immer weniger »brauchbar«. Er versuchte, sie als Regisseurin seiner Stücke an andere Theater zu vermitteln, sie wurde zu seiner Delegierten.

Das Absurde dabei war: Sie verdiente kaum Geld, arbeitete ehrgeizig und offensichtlich über ihre Kräfte. 1950 erlitt sie einen zweiten Nervenzusammenbruch.

Berlau hatte ihr Leben in die Dienste Brechts gestellt. Doch nach all den gemeinsamen Liebes- und Arbeitsjahren verbannte der einst verbannte Dichter die dänische Mitarbeiterin der Exilzeit aus seinem Berliner Bett. Und vielleicht noch schlimmer: Er benötigte sie auch nicht mehr als Helferin beim Stückeschreiben, denn er schrieb keine mehr.

Für seine Arbeit am Theater hatte Brecht jetzt andere Assistenten, mit denen er, nach Jahren in der Fremde, endlich seine Stücke auf der Bühne ausprobieren konnte. Die Weigel war wieder seine wichtigste Mitstreiterin. Die Schauspielerin glänzte in ihren Rollen, sie leitete resolut das neue Theater am Schiffbauerdamm. Und das Paar hatte nach Jahren der Geldnot im Exil endlich ein sicheres Einkommen. Nicht aber die Berlau.

Es kam zu einem traurigen Bruch. Berlau konnte ihre Forderung nach Honorarzahlungen oder einer regulären Festanstellung am Berliner Ensemble nicht durchsetzen. In der Emigration habe sie Mitleid gehabt mit der Weigel, wetterte sie, nun aber sei dies vorbei. Sie sah bitter, dass ihre Kontrahentin inzwischen auch in diesem familiären Theaterstück die besseren Karten hatte.

Erst 1953 erhielt die früher nicht zu Entbehrende schließlich zwei befristete Arbeitsverträge als Leiterin des literarischen und fotografischen Archivs. Jedoch, es war ihr nur noch vergönnt, am Rande mitzuwirken, als Fotografin. Die einstige Geliebte war »out«, von ihrem »Großen Lehrer« abgelegt. Und als Brecht 1956 an einem Herzinfarkt starb, kündigte die Firma Berliner Ensemble ihr prompt und kaltherzlich die Zusammenarbeit auf.

Als ich 1957 über meine Arbeit am Berliner Ensemble auf Ruth Berlau traf, war sie schon ein alkoholisiertes Wrack. Ja, ein Wrack, an dem ich aber noch das ehemals stolze Schiff gut erkennen und bewundern konnte. In Brecht'scher Manier suchte sie eine brauchbare Hilfskraft, die Ordnung in das Chaos ihrer Fotos und Manuskripte und Briefe bringen sollte. Sie brauchte einen wohlfeilen Assistenten, der ihre Geschichten und Anekdoten aufschreiben sollte und so ordnen, dass man daraus ein Buch machen könnte: Memoiren über ihr Leben mit Brecht. Tausend Geschichten im Durcheinander. Und ich, so wünschte sie es sich, sollte alles aufbereiten und notieren.

Die alte Frau war dabei gar nicht so alt, knapp über fünfzig. Sie hauste, nicht weit von Brechts erster Probebühne Reinhardtstraße, in einer Wohnung am Ostberliner Karlplatz, direkt vor dem Haupttor der Charité. Sie lud mich ein, ich besuchte sie in ihrer Kebswitwen-Gruft. Vor dem Fenster im ersten Stock saßen wir in der düsteren Loggia. Davor stand die Pappel, über die Brecht 1950 ein anrührendes Nachkriegsgedicht geschrieben hatte, das alle liebten und bei Gelegenheit trällerten: Ein Lobliedchen im Moritaten-Ton auf die Leute am Karlplatz. Der Helene Weigel hatte der schlaue Dichter nebenbei noch ein kleines wienerisches »s« in den berlinischen Titel gemogelt:

Die Pappel vom Karlsplatz

Eine Pappel steht am Karlsplatz
Mitten in der Trümmerstadt Berlin
Und wenn Leute gehn übern Karlsplatz
Sehen sie ihr freundlich Grün.

Bitter und verlassen hatte Ruth Berlau auf verlorenem Posten um Teilhabe auch am neuen Leben ihres Meisters in der DDR gekämpft. Sie hatte alles verloren. Und mit den Misserfolgen hatte sie sich immer mehr in die Einsamkeit gesoffen. Ich konnte nicht ermessen, schon gar nicht würdigen, was sie mir Anfänger bei unseren Arbeitstreffen in verzweifelten Wutausbrüchen, aufgekratzt und ermattet vom Alkohol, in den Kugelschreiber diktierte. Leider alles ohne Tonband. Ich krakelte die Fragmente in gefetzten Buchstaben mit.

Bei einer schlechten Gelegenheit vertraute sie mir etwas an, was einen Naivling wie mich schon gar nichts anging: Stolz zeigte sie mir einen eisernen Ring, den Brecht ihr einst in New York geschenkt hatte. Sie triumphierte wie Rumpelstilzchen: »Keiner weiß das! Keiner!!« Die Weigel habe immer nur den goldenen Ehering am Finger gehabt. Ihr aber hatte der Brecht den eisernen gegeben! Nur sie hätte er geliebt! Nur mit ihr hätte er wirklich glücklich sein können – auch im Bett! Und deshalb der wahre, der eiserne Ring! Nun merkte sogar ich, dass die Frau im Schmerz verrückt geworden war: Sie suchte nach einem Zertifikat des Arztes Professor Sauerbruch an der Charité. Er habe sie untersucht und ihr bestätigt, dass sie physiologisch die einzige Frau gewesen ist, mit der Brecht einen richtigen Geschlechtsverkehr zustande bringen konnte …

Nachdem nicht nur Brechts Liebe, sondern seit einem Jahr auch der Geliebte selbst ihr weggestorben war, war die Berlau in einen heillosen Streit mit der Weigel geraten. Bitter erzählte sie mir von ihrem Kleinkrieg um die Rechtsgültigkeit des Brecht-Testaments. Sie verglich ihr Dilemma mit dem Gezerre der beiden Frauen im Stück »Der kaukasische Kreidekreis«. Die Weigel sah sie dabei natürlich ganz und gar in der Rolle der hartherzigen Gouverneurin Natella Abaschwili, die das Kindchen aus Gier zerreißt. Berlau klagte mir, wie brutal es um das Erbe des Stückeschreibers ging. Sie schimpfte sich wund gegen die mächtige Gegnerin.

Dies immerhin war mir plausibel: Brecht hatte die Berlau in seinem Testament mit einer Rente vorsorglich bedacht. Ihre Konkurrentin aber, so Berlau, habe dafür gesorgt, dass das Testament angefochten wurde. Der schlaue Brecht habe sein Testament nur mit einer Schreibmaschine getippt und nicht, wie gesetzlich vorgeschrieben, handschriftlich notiert. Dies sei der Vorwand, unter dem die Witwe ihr den Erbanteil vorenthalten konnte. Zwar habe die Weigel – endlich – der von Brecht der Berlau zugedachten finanziellen Unterstützung zugestimmt … und wolle sie auch auszahlen, aber nur unter einer grausamen Bedingung: Ruth Berlau sollte ihre sämtlichen Liebesbriefe des Dichters, und auch die Rechte daran, der Weigel aushändigen und dem Brecht-Archiv überlassen.

Es blieb der ohnehin schon gedemütigten Ruth Berlau nichts weiter übrig, als zuzustimmen. Das wütete und greinte sie mir ins Herz: So habe sie sich selbst und die Briefe ihres Geliebten und Meisters an die Ehefrau verkauft. Kein Wunder, dass in ihrem Herzen ein tiefer Hass gegen die Weigel loderte.

Aus dem ganzen Brecht-Berlau-Buchprojekt ist nie etwas geworden. Ich war nicht der richtige Mann dafür: zu jung, zu unwissend, zu höflich. Und außerdem wie im Rausch mit der eigenen Arbeit als Regie- und Dramaturgie-Assistent am Berliner Ensemble schwer beschäftigt. Wir blieben einander fremd befreundet. Ich nannte mich bald, in Anlehnung an den Stückeschreiber Brecht, einen Liedermacher.

Und Anfang der sechziger Jahre kam die Berlau ins Kulturhaus »Erich Franz« in der Schönhauser Allee zu einem meiner kleinen Auftritte. Dort sang ich ein Liebesliedchen im Chanson-Ton: »Die Zeit der Trauben«. Unsere DDR-Weintrauben wuchsen jedes Jahr in Bulgarien. Aber erst, wenn der Westmarkt mit dieser Saisonware gegen Valuta abgefüttert war, exportierte die Volksrepublik ein paar der begehrten Trauben auch in die DDR.

Die Zeit der Trauben

Als die ersten Trauben kamen
traf ich sie beim Traubenkauf
in dem Laden und wir aßen
gleich zwei Pfund gemeinsam auf

Als die langen Nächte kamen
ging die Zeit uns schnell dahin
Oft danach aßen wir Trauben
die so gelb und süße sind

Heute morgen stand ich wieder
in dem Laden in der Reih'
Vor mir ging das letzte Pfund weg
– die Zeit der Trauben ist vorbei

Brechts zerwüstete Schönheit Ruth Berlau saß vor mir in der ersten Reihe. Sie schnalzte mit der Zunge, zwinkerte mir freundlich zu. Nach dem kleinen Applaus, im richtigen Moment und genügend peinlich laut, lieferte sie mit ihrer dänischen Zunge einen schmeichelhaften Kommentar: »Wenn das der Brecht gehört hätte ...!« Wir alle lachten. Und ich war stolz wie Bolle.

Gelegentlich besuchte die Berlau mich in meiner Wohnung in der Chausseestraße. Mit Interesse verfolgte sie unser Theaterprojekt, das Berliner Arbeiter- und Studententheater, kurz b.a.t. Ich hatte das Theaterchen mit meiner Liebsten Brigitte Soubeyran gegründet. Die Fachmännin Berlau hörte interessiert von den neuesten Entwicklungen und unterstützte uns mit Ratschlägen. Mit mindestens so viel Neugierde befragten wir sie im Gegenzug nach ihrer Blütezeit mit Brecht im Exil.

Bei einem dieser Besuche, wir tranken den süffigen Rosenthaler Kadarka, sang ich der genialen Hexe ihr Lieblingslied von den knappen Trauben. Das wollte sie immer erst mal hören. Doch dieses Mal zupfte ich auf der Gitarre auch ein Vorspiel für ein gassenhauerisches Schmähliedchen gegen die Weigel. Grad weil die Berlau mal wieder so bitter gegen Brechts Frau gewettert hatte, wollte ich es ihr singen. Die Weigel hatte unserem Hinterhof-Theater verboten, das Brecht-Stück »Mann ist Mann« zu spielen. Immerhin hatte einer unserer arrivierten

Freunde und Förderer, der Regisseur Benno Besson, uns vorgeschlagen, dieses frühe Stück auf unsere kleine Bühne zu bringen. Doch die Brecht-Witwe verweigerte uns die Aufführungsrechte. Das ärgerte uns nicht nur, wir fanden es ungerecht! Ich sang der ausrangierten Mitarbeiterin, der Intimfeindin Helene Weigels, das Pasquillchen vor:

FRAU BRECHT

Herr Brecht aus Augsburg schrieb
Theaterstücke viel
Darin manch guter Hieb
Und manches Possenspiel
Im Brechtmuseum sitzt
Am Schiffebauerdamm
Brechts alte böse Frau
Lässt keinen an Brecht ran
  Die Glucke sitzt über den Eiern
  zu lang, zu lang, viel zu lang
  die Eier werden faul, Paul!

Frau Brecht hat schon zu oft
Mutter Courage gespielt
Und sich zu tief in ihre
Rolle eingefühlt
Bekämpfe diese kalte
Händlergeldesgier
– das wünscht von Herzen dir

Dein Liedermacher Bier-
mann sitzt doch nicht auf den Eiern!
zu lang, zu lang, viel zu lang
die Eier werden faul, Kaul!

Als ich mein Spottliedchen mit den Blödeleien über den Komponisten Paul Dessau und den SED-Rechtsanwalt Professor Kaul abgesungen hatte, reagierte die Berlau vollkommen anders, als ich erwartet hatte. Sie starrte mich zornig an. Sie fand meine Komik überhaupt nicht komisch. Schmerzgebeutelt verzog sie das Gesicht. Wütend schmiss sie ihr Rotweinglas um. Sie spuckte mich an, stand halb auf und trat mir vor's Schienbein. Dabei fauchte sie in dänischer Tonart: »Die Weigel!!! ist!! eine grrroooooße Frau! Und du, Biermann, du bist ein kleines Dreck!«

Brigitte holte schnell einen Wischlappen aus der Küche, und ich brachte sofort meine Gitarre in Sicherheit. Wir waren verwirrt. Ich stotterte: »Mensch, Ruth, wieso denn? Das Lied ist doch nur …, weil die Weigel uns verboten hat, im b.a.t. ›Mann ist Mann‹ zu spielen! Der Brecht ist doch Volkseigentum!«

»Die Weigel!!«, kreischte die Berlau. »Die Weigel! ist!! eine große!! Frau!!! Biermann! Merk dir das! Gefälligst!!«

Ich war verblüfft. Wieso wütete ausgerechnet sie, die Geschmähte, die Gedemütigte, gegen das Weigel-Lied? Sie, die Brechts Frau aus tiefstem und ehrlichem Herzen hasste. Was brachte sie an diesem kleinen Spottlied so in Rage? Ganz einfach: Sie, die Unglückliche, wollte sich nicht von irgendeinem Greenhorn mit Gitarre ihre große Feindin kleinreden lassen. Und schon gar nicht kleinsingen.

Der kleine Versager

Meine Eltern waren wissbegierige Kommunisten, die nicht die Illusion hatten, man könne mit edler Einfalt die Menschheit retten. Die Maschinenstrickerin Emma und der Maschinenschlosser Dagobert Biermann zählten sich zur »jungen Garde des Proletariats«, die die Ideen von Marx und Engels im Manifest der Kommunistischen Partei in die Tat umsetzt. Und es begeisterte das junge Paar Lenins Propaganda-Phrase: »Lernen, lernen und nochmals lernen!« Für das Arbeiterpärchen bedeutete diese Losung: Erkenne die Welt und verändere sie!

Die Blütezeit der revolutions-romantischen Periode proletarischer Aufklärung lag in den Jahrzehnten zwischen Bismarck und Hitler. Ein Gründervater der deutschen Sozialdemokratie, Wilhelm Liebknecht, Vater des Märtyrers Karl Liebknecht, hatte 1872 ein goldenes Wort des englischen Philosophen Francis Bacon für die deutsche Arbeiterbewegung aufgegriffen: »For knowledge itself is power.« Meine Mutter nutzte diesen Glaubenssatz »Wissen ist Macht!« gelegentlich als Mahnung, wenn ich mal wieder mit einem schlechten Zeugnis nach Hause kam.

Auch die Sexualreformbewegung, die Anfang des 20. Jahrhunderts an Aufschwung gewann, war den Kommunisten willkommen. Willhelm Reichs Opus Magnum »Die Funktion des Orgasmus« war populär. Reichs Spleen passte ideal zu dem, was meine Mutter mir aus den Jahren der Weimarer Republik erzählte über das heikle Thema Sex im Klassenkampf. Die KPD riet den Genossen dringend an, beim Geschlechtsverkehr Präservative zu verwenden zum Schutze der Genossinnen. Der Tod als Folge einer illegalen Abtreibung durch eine »Engelmacherin« oder gar Selbstmorde aufgrund ungewollter Schwangerschaft schwächten die Kampfkraft der Kommunisten. Die Verbindung zwischen politischem Bewusstsein und Sexualität ging so weit, dass es – ganz im Sinne revolutionär angewandter Psychoanalyse – Anfang der dreißiger Jahre einen innerparteilichen Slogan gab: »Genossen, verschafft euren Frauen einen Orgasmus, sonst wählen sie Hitler!«

Meine Mutter war keine große Witze-Erzählerin. Genau genommen hatte sie nur einen auf Lager, den sie bis ins hohe Alter gelegentlich zum Besten gab: Klein Erna und Peter heiraten. Klein Erna fragt ihre Mutter, was in der Hochzeitsnacht auf sie zukommen wird. Die Mutter beruhigt sie: »Och, Klein Erna, dat is allens nich so schlimm … Dat is genauso, wie wenn der Hahn auf seine Henne steigt.« Als Peter in der Hochzeitsnacht ins Schlafzimmer kommt, sitzt Klein Erna im Ehebett mit einem Kaffeewärmer auf dem Kopf. Sie sagt: »Peter, du kannst alles mit mir machen! Aber das Picken auf'm Kopf, das mach ich gaanich habn!« Und am Ende dieses Kinderwitzes lachte sich meine alte Kommunistin mit heller Mädchenstimme immer so schief, als wäre sie zwölf Jahre alt und hätte den Witz grad zum ersten Mal verstanden.

Anders als Klein Erna im Witz, wusste meine Mutter sehr gut Bescheid. Emma probierte mehr Männer aus als andere Frauen in ihrem Milieu. Gegen Ende ihres Lebens fand ich in ihrem Papierkram einen kleinen Zettel. Sorgfältig in Maschinenschrift, stand dort eine Liste mit sechsunddreißig Männernamen. Warum meine Mutter sich diese peinliche Liste zusammengetippt hatte, blieb mir ein Rätsel. Aber sie diente uns als Vorlage für lange Gespräche. Zu jedem dieser Namen erzählte sie ihre Liebesgeschichte.

Als junge Genossin gehörte Emma zur Avantgarde bolschewistischer Emanzen, die die Losung vertraten: »Mein Körper gehört mir!« Doch als Mutter schwieg die Fortschrittliche eisern. Kein Happen Aufklärung, nie steckte sie mir, und mit keinem Wörtchen, im Dunkel meiner Pubertät ein Licht auf.

Ein einziges Mal kam es dann aber doch dazu, dass das Thema Nummer eins zum Thema wurde. Das Gespräch verlief kurz und einprägsam. Ich war vielleicht neun Jahre alt. Ein größerer Nachbarjunge auf der Straße brachte mir ein neues Lied bei, in dem ich nur zwei wichtige Wörter nicht verstand. Der Schuft sagte: »Du kanns aba schön singen. Geh ma rauf und sing das deine Mutti vor.« Ich trabte den Weg hoch zur Wohnung. Dort saß meine Mutter mit Oma Meume und Tante Lotte in der Küche. Ich stellte mich vor die drei Frauen und sang: »O Donna Klaaaaa-ra, ich hab dich ficken gesehn. Und deine Fooootze, die war wunderschööööön …« – Wums! Mich erschütterte die einzige Ohrfeige, die meine Mutter mir im Leben verpasst hat. Kurz, hart – und ohne Kommentar.

Etwas mehr Mühe mit mir gab sich wenige Jahre später ein Freund der Familie, mein Onkel Schuchardt. Kein echter Onkel, aber ein Kumpel meines Onkels Kalli. Vor der Nazizeit, als junger Kerl, war Schuchardt ein Ass im Geräteturnen gewesen, Hamburger Meister sogar. Inzwischen leitete er im Arbeitersport-Verein »Fichte« in Rothenburgsort die Turnersparte. An zwei Abenden in der Woche ging ich zum Training in die kleine Sporthalle. Es war mir dort besser als in der Schule. Ich war ehrgeizig. Schuchardt zeigte mir paar Griffe und Kniffe am Reck. Und war dabei viel geduldiger als unser missgelaunter Sportlehrer, der wahrscheinlich so ungnädig war, weil er selber seinen Bleiarsch nicht über die Stange kriegte. Im Eifer lernte ich bei Schuchardt sogar die Riesenwelle.

Als ich die Übung am Hochreck zum ersten Mal geschafft hatte, war ich ungefähr vierzehn Jahre alt.

Der Onkel lobte mich. Er ordnete für die Turnerriege eine kleine Pause an. Dann zog er mich beiseite in den Umkleideraum. Er legte seinen starken Arm über meine Schulter und sagte: »Mein Junge, du kommst jetzt in das Alter … Dein Vater ist tot, Onkel Kalli kann das nicht so. Und deine Mutti schon gar nicht. Du kommst jetzt in diese Jahre, wo uns Männern der Bart wächst. Und das merke dir: Onaniert wird nicht! Wenn du onanierst, läuft dir das Rückenmark aus. Und du wirst impotent! Wenn du aber nicht onanierst, kannst du später mal die dicksten Weiber stemmen!« Er blickte mir schicksalsdüster in die Augen. Es war klar, dass ich diese Lebensregel in Zukunft zu befolgen hatte. Ich nickte. Dann haute Schuchardt mir kameradschaftlich auf die Schulter und sagte: »So, Wolf, und jetzt machst du die Riesenwelle gleich noch mal! Dann kriegste mehr Sicherheit und traust dich beim nächsten Training wieder.«

Wir gingen zurück ans Reck. Er packte mich von hinten und stemmte mich hoch an die Stange. Ich schaffte es wieder in den Handstand und ließ mich kippen in die Riesenwelle. Doch als mein Körper den unteren Drehpunkt erreichte, konnten meine Knabenhände die Fliehkräfte nicht halten. Meine Finger lösten sich, ich wurde über die Polstermatten hinwegkatapultiert, schlug hart auf den Rücken und knallte knack! auf'n Hinterkopp. Mit Schädelbrummen fuhr ich nach Hause, döste in der U-Bahn nach Langenhorn-Nord. Der Mutter kein Wort. Ich war doppelt benommen: von dem Sturz und von der Lektion. Ich wusste nicht, was »onanieren« heißt, kriegte es aber bald raus und wunderte mich über dieses schillernde Wort für eine so einfache Sache.

Fünf, sechs Jahre später, 1955, geriet ich zum Studium der Wirtschaftswissenschaften nach Berlin. Ein herrliches Leben! Ich wohnte mit drei Kerlen im Osten von Ostberlin im Studentenwohnheim der Humboldt-Universität, weit draußen in Biesdorf. Jedes zweite Wochenende organisierten sich dort die Studenten in den Clubräumen einen Tanzabend. Eine Art Ringelpiez mit kleinem Suff und großem Anfassen. Ich lernte allzu flott, wie gefährlich leicht es geht. Über unserem Flur, in den Zimmern mit den Dreihunderter-Nummern, wohnten die »Weiber«. Jene also, die ich laut Onkel Schuchardt nun stemmen sollte. Ein wilder Foxtrott, ein volkseigenes Bier, ein engerer Tango, ein russischer Wodka, ein geächteter Boogie-Woogie, ein Kuss. Es wurde geknutscht, und dann fix ab! in irgendeine sturmfreie Bude. Sex wie DDR-Sport: Deutsche Demokratische Rumkriegerei.

Wir Jungs bewohnten zu viert ein Zimmer mit zwei Doppelstockbetten, aßen gemeinsam, vergnügten uns aber getrennt. Ich studierte korrekt, aber in der Freizeit beschäftigte mich meine Karriere als Mädchenverführer im Studentenwohnheim. Das Wort »beschäftigt« ist eine Beschönigung. Ich war überfordert, denn ich brachte es nicht fertig, meine Eroberungen elegant loszuwerden, nachdem ich sie mit billigen Tricks geangelt hatte. Der kleine Wolf war bald überfressen. Ich hatte mehr Schafe gerissen, als ich fressen konnte. Absurd! denn das gilt auch für das Spiel der Geschlechter: Ein Wolf ist kein Hirte. Heine: »Verfehlte Liebe. Verfehltes Leben.«

Im dritten Semester wurde ich endlich erwachsener. Ich verliebte mich. Ich umwarb eine Blume, eine Studentin der Germanistik, die nicht so einfach zu pflücken war. Sie hatte ein Zimmer gemietet in einem Häuschen bei einer Witwe, nur einen Katzensprung entfernt vom S-Bahnhof Biesdorf. Ich taumelte in ein Herzensflattern. Und wurde so scheu wie mit meiner ersten keuschen Liebe in der Heinrich-Heine-Oberschule in Gadebusch. Ich spielte nicht mehr die affige Rolle des Eroberers. Ich machte nicht mehr den Dummfick. Stattdessen Respekt, Bewunderung, Geduld, Neugier und eine beseelte, eine angenehm altbackene Behutsamkeit.

Zwei, drei Monate lief das schon mit uns. Wir redeten munter, und wir schwiegen verliebt. Wir küssten uns, als wäre uns das ewig genug. Zur Sache kam es nicht. Es hatte endlich keine Eile mehr. Ich war fast froh, denn es vermenschlichte ein notwendiger Ernst unser Spiel.

Der alljährliche Fasching in der WiWiFak, der Wirtschaftswissenschaftlichen Fakultät in der Spandauer, stand an. Dort kreuzte ich mit meiner Flamme auf. Ich Stoffel nicht, ich ging als Jedermann, aber sie hatte sich hübsch verkleidet mit einem Clownskostümchen und roter Pappnase. Wir eroberten zwei Stühle an einem langen Tisch in der Heilig-Geist-Kapelle, die zur Mensa umfunktioniert worden war. Eine Bumskapelle spielte jazzige Schlager. Die Stimmung schaukelte und schunkelte sich hoch. Wir tanzten westlich auseinander, wir tanzten östlich eng. Wein in Flaschen, Bier vom Fass. Ein preußisch-sozialistischer Mumpitz, Kölner Karneval an der Ostberliner Spree. Bunte Papierschlangen, Konfetti. Rote Luftballons hingen schlapp an einer Schnur wie ein politisches Witzchen. Anzügliche Krakeleien auf der Tischdecke aus Packpapier, und flotte Sprüche auf selbstgemalten Plakaten an den Wänden des Kirchengemäuers. Immerhin ein ganz schön gewagter Vers: »Der Kumpel aus dem Bergwerk kriecht – Glück auf! Der Sozialismus siecht!«

Wir tranken und schäkerten. Das Studentenvölkchen quasselte und poussierte rum. Aber Rosi und ich suchten nicht, wir hatten aneinander genug. Wir wackelten mit und lachten uns schief über ich weiß nicht was.

Kurz vor zwölf kam der Knall: abrupte Stille. Die Musik brach ab, mitten in einem Schmuseschlager. Unruhe auf der kleinen Bühne. Ich kannte den Trompeter und fragte ihn: »Was is?« – »Nix is!«, brüllte er mich an. Die Musikanten stürzten raus. Nach einer halben Stunde kam der Drummer zurück. Er packte sein Schlagzeug ein. Keine Musik mehr. Schluss mit lustig. Alles aus. Und eine Neuigkeit – war es ein Gerücht? – sprach sich rum: Dem Bassisten war plötzlich eingefallen, dass seine Frau ihm vor dem Konzert im Streit gesagt hatte, sie werde sich um Punkt zwölf umbringen. Typisch Selbstmord mit Ansage und eingebauter Rettung. Der Mann aber … hatte es … einfach vergessen! Die Musiker hatten sich in zwei Autos geschmissen und waren in die Kollwitzstraße im Prenzlauer Berg gerast. Als sie ins Haus stürmten, stank es auf den Treppen schon nach Gas. Bloß keinen Klingelknopf drücken! Die Frau lag tot in der Küche, vergiftet mit dem Gas aus dem Backofen. Sie hatte darauf gesetzt, dass ihr Kerl zurückkommt, den Hahn rechtzeitig abdreht und sie in die Arme nimmt.

Nach dieser abgebrochenen Party fuhren meine Liebste und ich mit der S-Bahn vom Marx-Engels-Platz die halbe Stunde raus nach Biesdorf. Ich geleitete sie nach Hause, comme il faut. Wir standen im Garten vorm Häuschen mitten in der Winternacht. Und als sie sagte: »Kommst du mit rauf?«, nickte ich. Sie flüsterte: »Wir müssen aber schleichen, die Treppe knarrt. Und kein Wort. Und kein Husten. Wenn die Wirtin was hört, muss sie mich rausschmeißen. Das ist die Vorschrift: nach zehn keinen Herrenbesuch.« Ich fragte nicht nach, wessen Vorschrift.

Es war klar, die lange Wartezeit war um. Alles war fast so einfach wie mit den Mädchen im Studentenheim. Sie schloss die Zimmertür ab. Wir küssten uns. Und schon zog ich ihr das Clownskleidchen übern Kopf, wie ein Könner. Sie knöpfte mir das Hemd auf. Auch ich machte voran. Nun war sie schon fast nackt. Ich verhedderte mich hinten am Büstenhalter, riss ihn beherzt auf und sagte mir: Das ist Leidenschaft! Meine Schöne flüsterte: »Ach, Wolf …« Und dann kam aus ihrem Munde das Codewort: »Nicht, doch!« – genau wie zwei Jahre zuvor meine keusche Jungfrau im Internat in Gadebusch. Doch inzwischen kannte ich die Semantik solcher Liebesdialoge und hörte das »Nicht« mit geübterem Ohr. Ich hörte auch das riesige Komma hinter dem »Nicht« – und mich beflügelte das fette Ausrufezeichen nach dem Wörtchen »… doch!«.

Als sie schließlich wie eine entschalte Banane auf'm Bett lag, hedderte ich meinen Gürtel auf. Ich zog mir flugs die Hosen vom Hintern, riss mir das Hemd vom Leib, zerrte mir die Unterhose über die Knie … und merkte plötzlich: Mein Zentralorgan macht nicht mit. Ich rubbelte hektisch. Ich zupfte, zerrte und kniff verzweifelt, aber nix! Keine Regung. Ich wartete mit Schrecken, aber denkste! Gar nichts regte sich da zwischen meinen Beinen. Es war nicht etwa peinlich, sondern es war das Ende.

Denn plötzlich kamen mir in dieser katastrophalen Lage Onkel Schuchardts Worte in den irren Sinn.

»Wolf, wenn du nicht onanierst, kannst du später mal die dicksten Weiber stemmen«, hämmerte es durch meinen Kopf. Und schlagartig war mir klar: Das war's! Für immer! Ich begriff, dass ich von nun ab nie wieder mit irgendeiner Frau »diese Sache« machen kann. Panisch wurde mir bewusst, dass ich ab heute ein entwaffneter Weiberjäger war, der all die Jahre, wie ein Idiot, seine Munition verschossen hatte bei der schändlichen Wichserei. Ich hatte es jedes Mal nie wieder tun wollen. Aber dann tat es sich von selbst wie das Luftholen, wie der Herzschlag.

Ich schämte mich zu Tode. Wortlos krümmte ich mich weg von dem Mädchen. Höchstes Strafmaß vom Weltgericht: Das Rückenmark war mir ausgelaufen, die Nervenkraft endgültig zerrüttet, für immer impotent. Meinen kostbaren Samenvorrat hatte ich haltlos verschüttet in die zittrige Faust. Nie mehr würde ich ein richtiger Mann werden. Keine Liebschaften mehr, keine Hochzeit, keine Familie, keine Kinder.

Ich kroch aus dem Bett, tastete nach meiner Unterhose. Schnell zerrte ich sie mir über meinen kleinen Versager. Das Mädchen war verwirrt. Sie flüsterte leise zu mir rüber: »Komm doch, mein Lieber!« Ich aber flüchtete elegant in eine moralparfümierte Lüge. Ich heuchelte: »Ach, Rosi, du hast ja so recht. Es ist doch noch zu früh ...!«, und zog mir das Hemd über. »Nein, nein«, beteuerte sie, »komm doch ...«

Ich hatte weder Mut genug noch den Verstand,

mich souverän in die Wahrheit zu retten. Meine verlogene Kehrtwende bestand zu etwa fünf Prozent aus Moral, zu fünfundvierzig Prozent aus Scham und zu fünfzig Prozent aus dem Entsetzen darüber, dass ich mein Zentralorgan im Zentralnervensystem krankhaft kaputtonaniert hatte. So blieb ich schmallippig, schlüpfte schmalärschig in meine durchschwitzten Klamotten und schlich die knarrende Treppe runter. Leise zog ich die Haustür zu – nix wie weg!

Kurz darauf geriet ich in den Sog des Berliner Ensembles. Die Inszenierung des Brecht-Stücks »Der kaukasische Kreidekreis« war der Köder, in den ich mich verbiss. Mag sein, es kam mein Drang, das Studium der Wirtschaftswissenschaften abzubrechen und stattdessen die Theaterarbeit zu lernen, auch aus dem Katzenjammer dieser fatalen Liebesnacht. Sigmund Freud hätte meinen Wechsel eine Sublimierung genannt. Meine Scham über die selbstverschuldete Selbstentmannung trieb mich ins Lernen am weltberühmten Brecht-Theater. Ein unerhörtes Glück: Die knallharte Mutter Courage des Berliner Ensembles war in ihrer Rolle als Intendantin weich geworden. Helene Weigel engagierte den brechtbegeisterten Studenten Biermann.

Ab 1957 war ich fest angestellt als Regieassistent. Die Weigel steckte mich Greenhorn anfangs in die Arbeitsgruppe des gefeierten Brecht-Schülers Benno Besson. Er galt als *das* Genie unter den drei Erben des grad eben beerdigten Meisters Brecht. Neben Besson die Theaterregisseure Peter Palitzsch und Manfred Wekwerth. Im Ensemble tobte – unter dem Königreich der Brecht-Witwe – ein Krieg um den Chefposten. Doch davon merkte ich Naivterken nichts, ich war viel zu jung, viel zu neu.

Für mich war die Zeit am Berliner Ensemble ein rationaler Rausch. Nie in meinem Leben habe ich so heilig nüchtern und fleißig gelernt. Ich gab alles, und mir fehlte nichts. Nach Wochen intensiver Probenarbeit stand die Premiere des Stückes bevor, Brechts chinoise Parabel von der armen Hure Shen Te, die mit drei abgewrackten und demoralisierten Göttern ins Geschäft kommt: »Der gute Mensch von Sezuan«. Jeder Tag am Theater war für mich ein Seelen-Orgasmus, ich war mehr als befriedigt. Ich stürzte mich inbrünstig in eine Liebesaffäre mit den Musen. Das Thema Sex? Passé. Längst hatte ich mich damit abgefunden, als ein edler Eunuch für die Kunst zu leben. Ein einziges Gespräch mit irgendeinem lebensklugen Freund oder etwa einem Arzt hätte mich aufklären und leicht heilen können. Aber solche existenziellen Verirrungen in der Lebenskrise bergen zugleich die Chance, eine neue Existenz zu eröffnen. Ich war verknallt in zwei der neun griechischen Musen: in Melpomene, die Göttin der tragischen Dichtung und des Trauergesangs, und in die Attraktivere, Thalia, die Muse der Theaterleute. Mensch, wozu noch Weiber!

Ganz realsozialistisch, und in echt, küsste mich dann jedoch eine »Asiatische Grippe«. Ich wurde krank. Sehr krank sogar. Und das vor der Premiere! Hohes Fieber. Der Rotz lief mir aus dem Gesicht. Dagegen schluckte ich irgendwelche Tabletten, die mir meine Mutter Emma aus Westberlin rüberbrachte. Ich soff ganze Kannen grusinischen Tee. Ich hustete mich durch die Endproben. Ich wollte unbedingt dabei sein. Wenigstens bis zur ersten Aufführung wollte ich durchhalten.

So schleppte ich mich in die Premiere. Bessons Inszenierung mit der Brecht-Geliebten Käthe Reichel als Shen Te und dem Brecht-Schwiegersohn Ekke Schall, der natürlich den arbeitslosen Piloten Sun spielte, war eine Sternstunde am Theaterhimmel. Sogar die Premierenfeier in der Kantine des BE hielt ich noch durch, danach aber klappte ich zusammen. Ich verkroch mich in meiner neuen Bude am Petersburger Platz Nr. 8, hinter dem Bersarinplatz nahe der Stalinallee. Ein angemietetes schmales Hinterzimmerchen, dort lebte ich für dreißig Mark monatlich bei einer Frau mit Knebelbart, die Haare auch auf den Zähnen hatte.

Am nächsten Morgen flackerten Glücksbilder der Premiere durch mein Gemüt. Mir platzte der Kopf, und ich schwamm verschwitzt im Bett. Kein Mensch bei mir, keine Menschenseele, keine Muse, keine Mama. Eine Geliebte schon gar nicht. Ich lag in trauter Zweisamkeit mit der Einsamkeit. Und mich quälte ein steigendes Fieber. Da klingelte es an der Haustür. Die herbe Wirtin öffnete: Damenbesuch für Herrn Biermann! – zum Glück am Tag. Die Dame jedoch war gar keine Dame, sondern eine resolute Kollegin vom BE, die Schauspielerin Betty Loewen. Sie spielte im Sezuan-Stück die kleine Rolle der Tante in der Tabakladen-Szene mit der Shen Te.

Die Kommunistin und Jüdin Betty Loewen war Mitte der dreißiger Jahre aus dem Heil-Hitler-Berlin nach England entkommen. Und sie war kurz nach dem Krieg, ähnlich wie die Brechts, auf Umwegen aus dem Exil wieder in Berlin gelandet. Sie war im idealen Alter, um auf der Bühne eine reife Frau zu spielen. Doch diese Rollen waren am Brecht-Theater der Weigel vorbehalten: Mutter Courage, die Fürstin Abaschwili im »Kaukasischen Kreidekreis«, die Pelageja Wlassowa im Stück »Die Mutter«, die Frau in »Die Gewehre der Frau Carrar« und die jüdische Frau in Brechts Szenenfolge »Furcht und Elend des Dritten Reiches«.

In den Jahren des Exils hatte sich die Schauspielerin Helene Weigel nur um die beiden Kinder kümmern können, Barbara und Steff. Auch für Brechts Kebsweiber, die an seinen Texten mitarbeiteten, soll sie die Suppe gekocht haben. Nun aber spielte die Weigel nicht nur die großen Rollen. Sie regierte das Berliner Ensemble immer auch als die fürsorgliche Mutter Courage der ganzen Compagnie. In der Kantine hatte mir Betty Loewen erzählt: »Ich spiele lieber kleinere Rollen bei Brecht am größten Theater der Welt als große Rollen in der Provinz.«

Vielleicht hatte die Intendantin ihrer Kollegin Loewen ein Zettelchen in die Garderobe gelegt: »Liebe Betty, kümmere Dich bitte mal um unseren kleinen Biermann, der ist krank und offenbar mutterseelenallein.« Das wäre für die Weigel typisch gewesen. Genau weiß ich es freilich nicht. Jedenfalls fackelte die Theaterfrau Loewen am Tag nach der Premiere nicht lange. Sie besuchte ihren jungen Kollegen. Unerwartet stand sie in meinem Hinterzimmer. Die neugierige Vermieterin in der offenen Tür. Ich schämte mich ein wenig, war aber auch erleichtert. Ganz nach der Brecht'schen Devise »Du musst die Führung übernehmen!« zerrte mich die nette Betty resolut aus dem Bett, packte ein paar Sachen zusammen und verfrachtete mich in ein bereitstehendes Taxi. »Du kommst mit.« Ende der Ansage.

Bei sich zu Hause verwandelte meine neue Wirtin im Wohnzimmer das Sofa in ein Krankenbett. Es begann eine lehrreiche Woche. Jeden Tag fuhr die Schauspielerin mit der Straßenbahn morgens zur Zehn-Uhr-Probe. Kam nachmittags zurück und bereitete mir Essen. Fuhr wieder zum Schiffbauerdamm, wenn sie am Abend Vorstellung hatte. Nach der Aufführung schminkte sie sich ab, ging aber nicht mehr runter in die Kantine zu den Kollegen, sondern eilte zurück zu ihrem Kranken. In brechtscher Manier spottete sie kühl freundlich: »Biermann, du siehst ja gar nicht aus wie ein Mann, sondern mit deiner dünnen Haut wie ein Zwölfjähriger …«

So päppelte sie mich hoch. Am fünften Tag war mein Fieber verflogen. Am sechsten Tag saß ich schon im Bett und wurde kregel. Am siebten Tag kam Betty am Morgen aus ihrem Schlafzimmer – und stürzte sich auf mich. Die Frau ritt mich wie eine erfahrene Amazone. Ich hatte keine Gelegenheit, ihr schnell vorher meine Impotenz zu beichten. Und das war auch kein Schaden, denn mein Unvermögen war plötzlich wie weggezaubert. Wir machten den großen Ritt an diesem Tag drei oder vier Mal. Ich war gerettet. Diese Frau hatte mich von meinem lebenslänglichen Leiden geheilt.

Und wie habe ich es ihr gedankt? Gar nicht. Sie hatte mich erlöst, aber ich Idiot fühlte mich von der alten Hexe missbraucht: Sie war schon bald fünfzig! Und ich Anfänger erst neunzehn! Erst fünf Jahre später blies Bob Dylan auch mir diese Lebensfrage in den Wind: »How many roads must a man walk down/ Before you call him a man?«

Die sieben Finger von Ekkehard Schall

Der berühmte Brecht-Schauspieler Ekkehard Schall war mein gelegentlich extravaganter Halbfreund im Berliner Ensemble seit 1957. Ich wollte es ihm nicht vorhalten, dass auch er, bei meiner Ausbürgerung 1976, mich im *Neuen Deutschland* in die Partei-Pfanne gehaun hatte. Im Dezember 1989 begegnete er meiner Frau Pamela und mir vorm Ganymed am Schiffbauerdamm. Er umklammerte mit drei Fingern seine Krücke. Und geschickt mit derselben Hand hielt er zwischen Daumen und Zeigefinger auch noch den nassen Stummel seiner abgesabberten, daumdicken Zigarre. Mit der Rechten umarmte er mich und knurrte mir in den Hals: »Tut mir leid, das damals …« Ich erinnerte ihn an das Lieblingslied aus unseren alten Zeiten, wie ein Codewort raunte ich ihm die Zeile von François Villon in Brechts Version zu: »Wo ist der Schnee vom vergangenen Jahr …« Damit war alles wieder gut und gegessen.

Ich bewunderte diesen Ekke Schall auch nach der Wiedervereinigung für seine Sturheit, mit der er noch bis zum Tode seinen Illusionen treu blieb. Ein Wendehals wurde er in den fünfzehn Demokratie-

Jahren nicht. Er war inzwischen nicht mehr Mitglied des Ensembles. Und sah als Privatier dem Sterben des Brecht-Theaters ungnädig zu.

Ekke war verheiratet mit Barbara, Brechts und der Weigel Tochter, die sich lieber Barbara Berg nannte. Neben Heinz Schubert, der mehr konnte als nur die Witzfigur »Ekel Alfred«, spielte die Berg die Hauptrolle im Stück »Der Held der westlichen Welt«. Schalls Fach am BE war zu dieser Zeit: jugendlicher Held.

Schall spielte auf der Bühne halsbrecherisch wie ein Stuntman im Film. Er artikulierte exzentrischer und bewegte sich akrobatischer als all die anderen Mimen im Theater. Er war Brechts manieriert doppelt verfremdeter Verfremdungseffekt. Manche Schauspieler hassten ihn für seine Art. Eine komische Anekdote schnappte ich auf: Als Ernst Busch in den Galilei-Proben gegen den erschöpften Brecht ankämpfte im Streit um die richtige Spielweise dieser hochdialektischen Figur, kriegte Busch einen Wutausbruch und schrie: »Und mit diesem Ekke Schall in der Andrea-Rolle kann ich schon gar nicht spielen!« Da wehrte Brecht ihn müde ab mit dem Satz: »Herr Busch, haben Sie einen Schwiegersohn?«

Am BE gab es zwei Termine pro Woche für ein freiwilliges Extratraining für die Künstler: »Tänzerische Gymnastik« hieß es auf dem Wochenplan der Intendanz. Wer wollte, traf sich zum Training auf der Probenbühne – und zwar nachmittags zwischen Probenzeit und Abendvorstellung. Geleitet wurde diese Mischung aus Kunst und Sport von einem ergrauten Könner, der nicht mehr mit dem eigenen Körper lehrte, sondern mit Worten. Das war uns Ansporn genug, der Alte machte es wunderbar.

Seitdem ich als Regieassistenz-Eleve im BE angefangen hatte, ging ich regelmäßig zu diesem Kursus. Oft genug trainierten nur wir zwei, Ekke und ich, mit dem Lehrer. Wir waren die Übereifrigen, die Getreuen des Meisters. Ein schweißtreibender Wettkampf zwischen dem Schauspieler und mir, dessen Hautgout darin bestand, dass ich nie gewinnen konnte. Es funktionierte mit uns beiden wie in der alten Bauernregel: Zwei Schweine werden schneller fett! Entsprechend galt für uns: Zwei Ehrgeizige werden schneller fit. Natürlich war Ekke viel besser als ich, aber mein Ehrgeiz stachelte ihn an. Grandios investierte er den enormen Vorsprung an Körperbeherrschung in der Hauptrolle als »Arturo Ui« in sein Spiel. Das gelang ihm so brillant, dass missgünstige Kritiker ihn nach der Premiere giftig lobten für die Artistik und nicht für seine Schauspielkunst.

Jeder Bühnenarbeiter und jeder Kleindarsteller im Ensemble wusste davon, also kriegte auch ich es bald mit: Der Schwiegersohn der Chefin Weigel war ein besessener Künstler, aber auch ein passionierter Weiberheld. Jeder jungen Schauspielerin, die neu anfing im Ensemble, jeder hübschen Maskenbildnerin oder

Garderobiere gab der jugendliche Star die Chance, seine Künste auch im Dunkeln zu bewundern.

Diese Macho-Manie musste seiner jungen Frau Barbara ein Gräuel sein. Aber sie hatte genug vom Beispiel ihrer Mutter Helene Weigel abgelernt. Sie war in Fragen des sexuellen Eigentums nicht so pingelig. Sie rächte sich nicht an ihrem Schauspieler-Gatten. Sie schikanierte seine Gespielinnen. Das »Spiel der Geschlechter«, wie Brecht es in einem Gedicht über das Frühjahr im Film »Kuhle Wampe« nannte, funktioniert in allen vier Jahreszeiten. Solche Tragödien passieren auch ohne alle Theaterkunst auf den Brettern, die die Welt nicht bedeuten, sondern sind. Herzzerreißende Dramolette.

Ich war als Neuer, grad zwanzig, am Ensemble in all diesen Spielen der staunende Anfänger, der Tollpatsch, der Schwärmer. Ekke, sechs Jahre älter als ich, von mir aus gesehn schon ein alter Hase. Nach den Abendvorstellungen saßen wir häufig noch in der Kantine und holten uns eine Bulette zum Bier. Wenn da aber Schluss war, liefen Ekke und ich gelegentlich die Friedrichstraße entlang und stiegen Ecke Oranienburger die steile, lange, die halsbrecherische, morsche Treppe tief hinab in den »Esterhazy-Keller«. Die Treppe war so lang und steil, dass die Angesoffenen am Ende der Nacht lieber auf allen vieren nach oben krochen. Die Kneipe war die einzige im Kiez, die nach Mitternacht noch offen hatte.

Wir tranken in diesem Kellerloch bevorzugt den parfümierten Wodka Zubrowka. Ein pissgelber polnischer Fusel mit einem Halm vom Büffelgras in der Flasche. Und es stand in der Spelunke sogar ein altes Klavier, in das wohl schon mancher Musikliebhaber sein Radeberger Pils gekippt hatte. Ich stimmte auf diesem verstimmten Kasten gelegentlich die schönsten Eisler-Lieder an. Mit genügend Saft in der Birne machte ich auch den Bluessänger und röhrte im Sound der Bessie Smith: »Nowbody knows you, when you're down and out.« Und manchmal seemännelte ich im Hans-Albers-Ton meine Hamburger Schnulze »Nimm mich mit, Kapitän, auf die Reise«.

Am schärfsten erinnere ich eine Mitternacht nach einer Vorstellung des »Sezuan«. Schall spielte in dieser Inszenierung den Flieger Sun. Mit uns am Tisch saß die neue Schönheit, frisch von der Schauspielschule in Schöneweide. Ekkes Beuteschema. Sie hieß Catharina. Eine zarte LPG-Prinzessin auf der Erbse aus einem Dorf in Brandenburg. Im »Sezuan« spielte sie die Rolle der Nichte. Und Ekke und ich spielten um die Wette den Macho. An diesem Abend leistete ich mir eine peinliche Nummer im Klo.

Zum Stamm des Esterhazy-Kellers gehörte eine einbeinige Toilettenfrau. Sie lauerte an der idealen Stelle hinter der Eingangstür zu den Toilettenräumen. Wenn ein Gast seine Notdurft verrichtet hatte und wieder rauswollte und nicht freiwillig zahlte, stellte sie automatisch ihr Holzbein quer. Ich hatte Hemmungen, diese übersteigbare Schranke zu übersteigen, und fingerte zwei Pinkelgroschen aus der Hosentasche. Die Münzen klimperte ich der Alten indigniert auf den Teller. Nach einer Stunde dasselbe. Nun aber stieg ich, aus Daffke, über die Holzschranke. Ging an unsern Tisch zu meiner Jacke und zog aus dem Portemonnaie zwanzig Mark. Ging zurück. Und weil ich der Holzbein-Hexe eine kleine Lektion erteilen wollte, sagte ich: »Ich finde das Wegelagerei mit dem Bein. Pissen ist ein Menschenrecht! Aber bitte sehr. Hier, das ist für uns alle, wir sitzen da, sehen Sie, an dem Tisch dort.« Und drückte ihr den Zwanni in die Hand. Ein für alle Mal Schluss mit dieser nervigen Pinkelpfennig-Zahlerei!

Meine Angeberei kam mir witzig vor. Ich wollte der Schönen imponieren, und sie kicherte auch blöde. Aber Ekke war auch nicht auf den Kopf gefallen. Er sagte: »Biermann, geh mal ans Klavier. Ich sing euch ›Mutter Beimlein hat ein Holzbein‹ …« Ich setzte mich an die Tasten und klimperte die Eisler-Musik. Und Schall sang Brechts Lied in seiner speziellen Brechtmanier. War das nun Stil oder Masche? – Unsere umworbene Neue bewunderte ihren berühmten Kollegen.

Mutter Beimlein hat ein Holzbein
Damit kann sie ganz gut geh'n
Und mit 'nem Schuh und wenn wir brav sind
Dürfen wir das Holzbein seh'n!

Nach dem Lied noch ’n Wodka. Wir poussierten um die Wette. Noch ’n Bier, paar anzügliche Witzchen. Und noch ein Lied: »Die Marie A.« So ging der Abend munter weiter. Dann musste ich wieder aufs Klo. Klar, ich suchte nicht mehr nach den obligaten Pinkelpfennigen in der Hosentasche. Doch als ich an der Klofrau vorbeiging – zack, stellte sie mir wieder ihr Holzbein hin.

Nach solchen Abenden traf man sich morgens pünktlich zehn Uhr wieder zur Arbeit auf der Probenbühne. Ich war neugierig, gelehrig und unermüdlich. Und war froh, bald schon durfte ich mit der Weigel und mit Schall simple Umbesetzungsproben leiten für eine Nebenrolle in Brechts Gorki-Stück »Die Mutter«.

Ekke jedoch erschien zu den Proben zuverlässig ein paar Star-Minuten zu spät. Und wenn er endlich in den Probenraum trat, murmelte er dem Regisseur irgendeine flapsige Entschuldigung. Drehte sich zu mir um und feixte mich en passant stolz an. Er zeigte mir mit flüchtiger Gebärde: Manchmal drei. Oder fünf. Selten zwei. Einmal sogar sieben Finger. Nur ich verstand die Sprache seiner Hand. Ich wusste genau, was diese Zeichen mir deuten sollten.

Ekke brüstete sich mit seinen nächtlichen Heldentaten. Die Anzahl seiner Finger bedeutete nichts anderes als: Hey, kleiner Biermann! Ich habe heute Nacht so und so viel Nummern geschoben!

Und später, wenn wir wieder bei unseren Leibesübungen der »Tänzerischen Gymnastik« um die Wette schwitzten, berichtete er mir, ob er seine Nummern mit zwei Weibern oder mit nur einer Gespielin zustande gebracht hatte. Seine Potenz schüchterte mich ein. Ich staunte wie ein Candide. Nicht wie bei Voltaire in der besten aller möglichen Welten. Sondern wie bei Brecht im besten aller wirklichen Theater der Welt. Ich glaubte dem Bertolt Brecht, dem Genossen Dichter ohne Parteibuch, dem plebejischen Stückeschreiber, jedes Wort. – Und glaubte seinem Schwiegersohn jeden Finger.

Heimkehr nach Berlin Mitte (2006)

»Je est un autre«
Arthur Rimbaud 1871

Heim, Heimweh gibt es wohl, doch Heimkehr keine
– warum weshalb wieso
Wieso weshalb warum – weiß ich doch nicht!
Als ich zurückkam, war ich sehr alleine
Paar Fressen fand ich, aber kein Gesicht
Ich traf zwei alte Feinde, treu giftgelbe
Traf einen immergrünen Freund sogar
Ich selber aber war nicht mehr derselbe
Ich ist ein Anderer – das ist doch klar!

An meiner Tür ein Schild mit neuem Namen
– warum weshalb wieso
Am offnen Fenster steht ein fremder Mann
Canaillen seh ich nun, die nach mir kamen
Die ich nicht hassen darf, noch lieben kann
Mein Kiez, das Scheunenviertel: Juden suchten
Dort nach 'nem Dreckversteck im Holocaust
In Ostberlin lauf ich durch Straßenschluchten
Vom Hackschen Hof, wo Bunges Dämon haust

Zum Esterhazy-Keller – steil die Treppe!
– warum weshalb wieso
Dort sang ich Eislers Brecht am Schrottklavier
Für Ekke Schall, für seine neuste Schneppe
Soff Wodka mit dem Büffelgras zum Bier
BE! – Wo sind sie alle hin, die Penner
Jetzt starr ich wie verrückt Visagen an
Und denk: so grinste Stasi-Schiefmaul, wenn er
Vor meinem Haus rumhing, als Jedermann

Vorbei! die guten alten schlechten Zeiten
– warum weshalb wieso
Vorbei der eintrainierte Seelenkrampf
Vorbei die bitteren Glückseligkeiten
Vertraute Tricks im Überlebenskampf
Ein Held, der wieder auftaucht, ach! vom Grunde
Aus dem Inferno, nach den Metzelei'n
Den beißen nicht mal mehr die alten Hunde
Ich bin Legende ohne Totenschein

Heim, Heimweh gibt es wohl, doch Heimkehr keine
– warum weshalb wieso
Warum – Weshalb – Wieso? Ich weiß es nicht
Als ich zurückkam, war ich sehr alleine
Paar Fressen fand ich, aber kein Gesicht
Ich traf zwei alte Feinde, treu giftgelbe
Traf einen immergrünen Freund sogar
Ich selber aber war nicht mehr derselbe
Ich ist ein Anderer. Und das bleibt wahr

Bin ick 'n Mensch?

An einem kalten Herbstabend im Oktober 1965 stand ich neben meinem Auto Ecke Hannoversche/Chausseestraße vor unserer Haustür, wo ich immer parkte. Es war nicht viel los. Aus der Kneipe 116 sah ich einen betrunkenen Mann quer über die Kreuzung schnurgrade auf mich zutorkeln. Klein, wuchtig, hohlstirnig. Ein Prolet.

Ich reparierte grade einen Scheinwerfer meines VW-Käfers. Das Auto hatte mir meine Mutter Emma kurz vor dem Bau der Mauer aus dem Westen besorgt. Der »Beetle« hatte eine hübsche Stange Geld gekostet, sehr viel Zaster für eine alte Arbeiterin. Woher Emma das Geld hatte? Emma hat nie daran gedacht, sich selbst ein Auto zu leisten, sie fuhr lieber billig mit dem Bus oder mit der Straßenbahn. Noch lieber ging sie, wenn irgend machbar und um die zwanzig Pfennige Fahrgeld zu sparen, zu Fuß.

Mein Vater war 1943 in Auschwitz ermordet worden. Ganze fünftausend Mark wurden der Witwe 1961 für ihren Ehemann als »Wiedergutmachung« ausgezahlt. Ein heftig umstrittenes Thema Anfang der Sechziger: Soll man, darf man das Geld annehmen?

Emma nahm das Geld. »Wiedergutmachung«? – Ein dummes Wort. Eine »materielle Entschädigung«? Absurd, das war nicht möglich. Emmas ganzes Leben war verdorben, der Verlust ihres Mannes, das jahrelange Zittern im Kampf gegen die Nazis, das Auslöschen der jüdischen Familie, die Angst um den Bruder, der Kummer, die Wut, die Tränen – was sollte man da »wieder gut machen« können? Emma handelte praktisch. Sie nahm das Geld und kaufte von dieser Summe, exakt für 4999 Mark, für ihren besten und einzigen Sohn einen Volkswagen. Und nur aus dem Grund, den Wagen mir in den Osten bringen zu können, machte sie ihren Führerschein.

In der DDR war dieses Westauto eine größere Attraktion als heute jeder Lamborghini auf'm Ku'damm. Und hatte zudem, nachdem ich verboten worden war, noch eine ganz andere Wirkung. Das exklusive Auto schützte mich in gewisser Weise: Wenn der Staatsfeind Nr. 1 so ein tolles Westauto fährt, so dachte manch einer, na, dann kann der ja gar nicht so falsch liegen.

Ich schraubte an dem Scheinwerfer rum. Der angesäuselte Mann stellte sich an meine Seite vor die geöffnete Kofferraumhaube. Ohne Aufforderung, ich fragte ihn nichts, plapperte er los: »Seit '27 fahr ick. Ick bin 'n alter Kraftfahrer, seit 1927 fahr ick!« Er fingerte ein von Papieren dickes und schmieriges Portemonnaie aus der Hosentasche am Hintern. Er suchte und suchte drin rum. »Hier!«, sagte er und hielt mir den Wisch hin, »Führerschein, könn' Se selbst sehn!« Ich warf einen kurzen Blick drauf, nickte. Mir war nicht nach Quatschen zumute, ich konzentrierte mich auf die Kabel meines Scheinwerfers, den ich wieder flottkriegen wollte.

»Ick bin immer jefahrn, seit 1927. Immer! 1936 hier an der Ecke, bei dem Schlachter, hier links inne Wilhelm-Pieck-Straße, hab ick 'ne Frau totjefahren. Ick fuhr den großen VOMAG, mit zwei Hängern dran. Ick denk: Is noch jrün! Da seh ick se stehn, ein altes Weib. Sie sieht mich, jeht zurück – aber denn jeht se wieder vor. Hinten inne Hänger sin so 'ne fetten Räder. Ick hab's janich jemerkt! Die ham'se überrollt. Im Knast Moabit bin ick freijekomm. Konnt mir keener an Wagen. War ja jrün!«

Ich nickte stumm.

»Ick hab immer jefahrn, sogar in der Gefangenschaft, bei die Franzosen. Du has ja jetze hier 'n schicken Käfer. Aber in Italien, gegen Ende des Kriechs, da ham wa uns abjesetzt mit dem 8er Horch! Hab ick jesagt: Komm, wir verdrücken uns! Wußt ick ja nich, dass ick die janze Regimentskasse hinten drin hatte. Zweieinhalb Millionen, ja!

Komm wa rauf bei München, hält uns 'n Posten an. Der war aber 'n Kumpel. ›Machn wa halbehalbe‹, sachte der und ließ uns weiter. Dann kam ick zu den Amis inne Gefangenschaft. Na wat wog ick? 170 Pfund! Aber danach? 95 Pfund.

Im Krieg, erste Verwundung gleich in Pooln. Hab ick 'n Streifschuss jefang'. Hier, janz harmlos.« Er drehte mir seinen Hinterkopf hin. »Hab aber dann jesagt: Kopfverletzung! Und ab, paar Wochen ins Krankenhaus. Herrlich! In Berlin bin ick dann beim Stab jefahrn, bis 1940 hab ick mich jehalten. Aber dann musste ick wieder zurück zu der alten Truppe in Pooln. Nächste Verwundung. Fährt mir 'n Panzer von die Eigenen vor den Kühler. Ick schlief im Pkw vom Bataljonschef. Vierundzwanzig Stunden jefahrn, und ick schlief, sach ick dir. Warn wir bei Bialystok, fahrn mir von die Eigenen hier vorne rüber, fängt gleich an zu bremsen – brennen ..., brennen mein ich! – und läuft mir dat janze Benzin oben in de Stiefel rin. Hier: alles verbrannt.« Er zerrte sein rechtes Hosenbein hoch. »Det andre och, jenauso. Zogen mich zwei Kameraden raus. War einjeklemmt. Steuer auf de Brust. Wieder Lazarett.« Er guckte zufrieden.

»Dann in Italien. Inne Zug-Waggongs konnt wa raus, aber nicht durch die Tür, nee, nur durch die Luke. Aber hattn se Scharfschützen. Ham so gewartet, bis de schon raus warst und hängst in de Luft. Piff, ham se dich abjeknallt, lagst de neben de Jleise, ja? Mit 'n Laster bin ick dann auf 'ne Mine. Dreiundzwanzig Mann auf de glatte Straße. Zwölf tot. Drei ganz schön kaputt. Und ick de Kniescheibe zertrümmert.« Er zerrte sein linkes Hosenbein hoch.

»Kumpel von mir wa bei 'n Volkswahlen, warn beide bei der SS. Ick jeh nich zur Wahl, nee, ick nich!

DDR-Wahl! Nee, der Kumpel, der ist jetzt …, wat isser? Reviervorsteher hier bei de Volkspolizei. Egal, ich wähle nich, mein Junge, vastehste mir? –

Ick lese gern Bücher, geh ick immer in de Ausleihe hier, ja. Aber da kommt et dir bis da oben hoch! Du … SS«, sagte er vertraulich, hob den Arm und zog den Ärmel runter. »Kannste sehn, det Blutzeichen?« Er riss sich das Hemd weiter runter. »Da! Kann jeder sehn! Ja, und da bin ick stolz drauf! Kann jeder hörn!« Er guckte mich auffordernd an, aber ich sagte nichts.

»Lügen, Lügen …, weest du wat dat war, SS? Ick hab mich jeknufft, als ick die Scheiße inne Büchern las! Kamraden warn wir, soone Kumpels! Det war de SS, mein Junge! Nich wat se euch heute azählen!« Er zog eine Zigarette aus der Schachtel, zündete sie sich an. Er hielt mir die Lullen hin, ich lehnte ab. Die schwarzen Ränder unter den Fingernägeln der zittrigen, blassen Hand ekelten mich.

»Ick war jezogen, nich freiwillig, jezogen war ick! Ach, ick war schon immer 'n fideler Bruder. Spaß muss sein! Oh, ham wir jesoffen. Immer jesoffen, ge-soff-en. Und für wen det allet? Für Deutschland? Nee, für meine Familie.

Und de Juden. Standen wir bei Minsk. In Minsk ham die Juden mit Pfoten det Scheißhaus ausjekratzt. Nicht unsres! De ei-ge-nen! Da kann ich bloß sagen: Ju-den-säu-e, vasteh ma richtich! 'n Kumpel hatte mit eine da wat. Wat heest Jude oder Weißrusse, iss allet datselbe, sach ich: Kumpel is Kumpel.

Kiek nich nach rechts, kiek nich nach links, so war ick, immer Mensch, egal wat. Ick hab ja Verständnis, wenn de Kohldampf hast. Oder Angst ums Leben.« Er schnippte die Kippe auf den Boden und trat sie mit schnellem Dreh aus.

»Na, de ei-ge-nen Juden. Vorn' Judenrat stehn alle stramm, sagen die zu die Eigenen: Zehn Mann Panzer waschen, fünf Mann für irgendwas und acht Mann Scheißhaus leern. Sagen die: Wir ham keine Schaufeln. Sagen die von Judenrat: Denn macht et eben mit die Pfoten. – Wat kiekste denn so böse? Du, nu sach mir mal von dir. Na, kannste ehrlich sin? Ick hab dir jesacht. Nu sach du!«

Ich sagte: »Meine Familie ist nach Minsk deportiert worden 1941. Meine Eltern waren im Widerstand, und mein Vater ist in Auschwitz vergast worden. Ich bin Kommunist.«

»Wat? De janze Familie? Stell dir vor, dein Großvater steht hier. Na, jut de janze Familie – ick hab se doch nich vajast, ick nich, niemals!! Aber det freut mich, dat du wenichstens ehrlich bist zu mir. Ick kann dir sagen: Da sin einige von uns sojar mit de Pistole, vastehste mir, ficken jejang. Wie? Vö-geln mit de Pistole, ja. –

Wat kiekste denn so böse? Hau ma in de Fresse, ick vasteh dich ja, da hab ick Vaständnis. Du bis Mensch, ick bin Mensch, allet Menschen, wir vastehn uns.« Ich guckte ihn schweigend an.

»Hätt ick ja abhaun könn'. Darum leb ich in de

DDR, darum! Jib mir de Hand.« Er umarmte mich. »Biste mir böse? Du, ick könnte dir eine wischen, du. Du bis mir böse, du, wat? Wir treffen uns noch, ick wohn ja och hier in den Kiez, ick hab mir schon immer jefragt, wem dieser alte Volkswagen jehört. Wir trinken noch mal een, uffn Bier. Du, ick will mit dir noch sprechen, du, det es allet janz anders war! Mensch, du lässt ma nich hochjehn, du nich!« Ich nickte stumm. Den Scheinwerfer hatte ich schon wieder eingesetzt.

»Jawoll, ick war auch mal Kommunist! Rotfront, Paule Klemmer kann et bezeugen. Du bist Kommunist, wir vastehn uns. Hast du schon Straßenkämpfe mitjemacht? Det de siehst, wie eener dir erschießt? Na siehste! Ick hab det Blut jesehn, ja, so is det Leben.«

»Ja«, sagte ich und dachte an meinen Vater und Onkel Kalli, die sich in Hamburg mit den SA-Horden geschlagen hatten. Nun klappte ich die Haube zu. Mein Kraftfahrer kam in Fahrt.

»Ja, ick war och ma anders! Vier Wochen im Bunker jesessen, weil ick ausschern wollte! Ja, aber hab mich uff de Seite jelegt und ein' wegjeschnarcht. Ruh ick mir eben aus, dachte ick. Aber da hamse mir ein eingeschenkt, du. Wat tätst du denn, wenn dir einer sone Pulle, sone Pulle voll Schnaps gibt und sacht: ›Hier trink!‹, und steht mit 'n Revolver dabei? Na? Nee, nich wat ick! Wat *du* tust. Na? Trinkste aus, nich? Trinkste aus, und wat dann? –

Richtich, biste nich mehr zurechnungsfähig, jenau. Ob wir? Und ob! Ab Smolensk nich ohne Alkohol, jawohl! Det ham se mit uns jemacht, wat sachst de nu? Du kannst mir jetzt hochjehn lassen, lass ma hochjehn! Siehste, weil de auch 'n Mensch bist. Ja, det freut mich, dat du zu mir och ehrlich bis! Bin ick 'n Mensch? Jawohl, ick heiße Richard! Und du?«

Er wartete die Antwort nicht ab, sondern torkelte, wie er gekommen war, weiter. Ja, dachte ich, ist das ein Mensch?

Monika. Das leuchtende Kind vom Hinterhof

Aus dem Fenster meiner Küche in der Chausseestraße konnte ich den großen Hinterhof unseres Eckhauses wunderbar überblicken. Dort tummelten sich im Sommer zwischen den Müllkästen und der Teppichstange an sonnigen Tagen Kinder. Sie bewohnten ein ausgeweidetes Sofa und versteckten sich in den Büschen. In dieser Schmuddelkulisse, Anfang der sechziger Jahre, spielten die Kinder Theater. Mich entzückte vor allem die halbwüchsige Monika mit ihrem spirrligen Cousin Paule. Das Mädchen wohnte mit Muttern in der Hochparterre-Wohnung, hinten links in der Ecke, drei, vier Stufen hoch am Eisengeländer.

Die schlaksige Monika war auf der Bühne beides: Regisseurin und Hauptdarstellerin. Eine hagere Königin im Lumpenkostüm, ein Dämchen mit staksigen Beinen und langen rotblonden Haaren. So, bildete ich mir ein, könnte Brechts Schauspielerin Lotte Lenya als Kind ausgesehn haben, als sie in Wien aufwuchs.

Unsre Diva da unten war keine Göre mehr und noch keine Frau. Der kleine Hinterhof-Star dachte sich Dramolettchen aus, das leuchtende Kind arrangierte die Szenen, spielte ihre Rollen. Sie kommandierte ihren Cousin und scheuchte die andren Nachbarskinder als Kleindarsteller. Det Milljöh untn in' Hof hatte den proletarischen Charme einer wunderbaren Zille-Zeichnung. Da quäkt eine eingesaute Kleene im Hinterhof nach oben: »Mutta, kiek ma ausm Fensta! Orje will nich jlobn, dette schielst!«

Als Regieassistent am Berliner Ensemble hatte ich gelernt, was Brechts Verfremdungseffekt bedeutet. Aber im plebejischen Volkstheater kommt man auch ohne aus. Brigitte und ich hingen manchmal hingerissen am Küchenfenster und bewunderten die Fantasie dieser Blagen. Und weil ich im zweiten Stock wohnte, genossen wir beiden verliebten Theaterleute das Spiel dieser Kinder so, als säßen wir auf der Holzbank im billigen obersten Rang des Theaters am Boulevard du Temple im Paris des Jahres 1827. Ja, wir fühlten uns wie in der Rolle des armen, aber naiv begeisterten Publikums im populären »Théâtre des Funambules«. Unten im Hof die Seiltänzer und Clowns. Und wir die Zuschauer: Les Enfants du Paradis. Manche improvisierten Dialoge waren so poetisch berlinert, als hätte Jacques Prévert sie im Pariser Argot gedichtet.

Brigitte und ich arbeiteten schon seit einem Jahr zusammen mit über hundert wunderbar verrückten Studenten und Arbeitern und Künstlern an unserem utopischen b.a.t.-Projekt in der Belforter Straße. Es sollte ein unabhängiges, ein alternativ-sozialistisches Theater im Kiez Prenzlauer Berg werden. Und so wie die meisten unserer Gefährten waren wir nicht etwa gegen die Partei, sondern nur gegen die Parteibonzen. Wir wehrten uns gegen den Realsozialismus à la Ulbricht, denn wir Rebellen und Revoluzzer fühlten uns als die wahren Kommunisten.

In diesen rot-romantischen Tagen inspirierte mich das Kindertheater im Hinterhof zu einem Liedchen in einer Mischform aus Berliner Leierkastenlied und Pariser Chanson, das ich meiner Liebe und unseren Ostberliner Freunden oft genug vorsang:

Himmelfahrt in Berlin

Die Kinder spielen im Hof so schön
Prinzessin, Mörder und Volkspolizist.
Sie müssen nicht zur Schule gehn,
Weil heute Himmelfahrt ist.

Die Kinder spielen im Hof so laut,
Behängt mit alten Lappen.
Sie spielen Braut und Kosmonaut
Im Himmelsschiff aus Pappen.

Die Kinder spielen so laut und schön,
Der Hof wird ein ganzes Theater.
– die dicken Fraun aus den Fenstern sehn
und warten auf den Va-ha-ter …

Mein geschenktes Kind, Brigittes Sohn Manuel, dessen Vater ich wurde, der Fünfjährige, der Knirps, durfte bei unseren Hofschauspielern als Komparse manchmal mitmimen. So kam es, dass der Kern der Hinterhof-Künstler uns gelegentlich in meiner Höhle im Vorderhaus besuchte. Klavier passt zu Hanns Eislers Musik besser als die Gitarre. Ich brachte den Kids Brechts Kinderhymne bei: »Anmut sparet nicht noch Mühe«, und begleitete ihren Gesang auf meinem altersschwachen Bösendorfer Flügel, den mir der Komponist des Liedchens als einen »Wiener Blüthner« lobte. Der Brecht hätte sein Vergnügen daran gehabt zu hören, wie da mitten in der Trümmerstadt Berlin der DDR-Proletariernachwuchs seine subversive Alternativ-Hymne sang:

Und nicht über und nicht unter
Andern Völkern wolln wir sein …

Die Kinder prima! Ihr Geplärre entzückend! Aber eines schönen Tages platzte eine kleine Bombe. Kindermund tut Wahrheit kund? Monika und ihr Cousin Michi hatten unsern kleinen Sohn Manuel mit ins Kino genommen. Sie sahen den DEFA-Kinderfilm von Wolfgang Staudte »Die Geschichte vom kleinen Muck«. Auf dem Nachhauseweg zerrten die beiden Großen den Kleinen in der Chausseestraße in einen Hauseingang und hämmerten ihm drei Sätze ein – aber wehe, du saachst dis deine Mutta weiter!!

»Dein Papa ist eine Partei-Sau.«

»Ulbricht schießt Menschen tot.«

»Sozialismus ist schlecht, Kapitalismus ist gut.«

Paar Tage lang hielt unser Manu dicht. Aber dann plapperte er sich beim Abendbrot den Stein von der Seele. Wir waren erst entsetzt und verwirrt, dann halb wütend, halb hilflos. Was tun? Mit der Mutter ein ernstes Wort sprechen? – absurd! Mit den Kindern selber? – kindisch! Etwa mit dem Klassenlehrer reden in der Schule Hannoversche? Schon gar nicht! das wäre eine Denunziation! Da könnte man ja gleich zum Direktor gehen, der so was an die Stasi weiterleitet. Wir waren ratlos. Da war nix zu machen. Also einfach Türe zu, Augen zu, das Maul halten. Wir entsorgten das Problem in die Schablone: Das alte Nazipack spielt eben Gott, es prägt seine Brut. Finis mit diesen Rotzlichtern! Kein Hoch mehr in unsre Wohnung, kein Runter mehr ins Hinterhof-Theater!

Drei Jahre später, im Dezember 1965, brach der skandalöse Kultur-Kahlschlag über uns herein. Das 11. Plenum des ZK der SED verhängte über den Konterrevolutionär Biermann ein Totalverbot. Ich wurde über Nacht mit Pauken und Partei-Trompeten zum staatlich anerkannten Staatsfeind befördert.

Die Kinder waren dem Spielen entwachsen. Das Hinterhof-Theater war längst passé und vergessen, als eines schönen Tages die kleine Monika an meiner Tür klingelte. Ich erkannte sie nach all den Jahren kaum wieder. Meine Ächtung als Feind der DDR, das zeigte sich jetzt, hatte sich als eine Art Beförderung erwiesen. Mein Ansehen war bei der staksigen Monika offensichtlich wiederhergestellt. Ich war für sie keine Partei-Sau mehr. Und sie war inzwischen zu einer schnieken Kiez-Lady aufgeblüht.

Als wäre der letzte Besuch nicht etwa Jahre her, brabbelte sie vertraulich los. Die junge Frau suchte Rat. Sie hatte sich verheiratet mit einem Sachsen aus Halle an der Saale. Hatte aber keine eigene Wohnung. Deshalb war das Brautpaar zu ihrer Mutter in die Zwei-Zimmerchen-Bude gezogen. Der nette junge Kerl fand 'ne Stelle in Berlin-Heinersdorf, als Lager-Hilfsarbeiter im VEB Milchhof.

Sein Kaderleiter im Betrieb hatte es dem Neuen ohne Umschweife verdeutscht, also ver-berlinert: »Wer bei uns wat werden will und dazu ooch noch 'ne Neubauwohnung, allet schön mit Fernheizung und Bad, tja, der muss denn ooch mehr Verantwortung tragen. Hier jeht et schließlich um die Milch-Vasorgung unsrer Menschn inner Hauptstadt der Deutschn Demokraatschen Republik, Kollege, da musste schon mal als Arbeeter in unsre Arbeeterpartei intreten.«

Und dies war nun Monikas Frage an mich staatlich anerkannten Konterrevolutionär. »Soll er das, Herr Biermann?«, fragte sie geradezu kindlich. Wie sollte ausgerechnet ich ihr diese knifflige Frage beantworten!

Um das Problem zu verstehen, muss man wissen, wie heikel es bei uns in Berlin gewesen ist – heikel mit DDR-Bürgern, denen eine Ulbricht-Zunge im Maul gewachsen war. Sächsisch war das Letzte. Wie giftig die echten Berliner zu den echten Sachsen waren, das verklarte mir mein junger Freund Gerulf Pannach. Dieser Leipziger Liedermacher war zum Dienst bei den Grenzern an der Berliner Mauer eingezogen worden. Warum Sachsen bevorzugt am »Antifaschistischen Schutzwall« rund um Westberlin ihren Dienst verrichten mussten? Der Grund ist banal: Es sollte so effektiv wie irgend möglich das Fraternisieren verhindert werden.

Die Obergenossen wollten verhindern, dass es einem jungen Kerl, der seinen Dienst an der Mauer ausübt, gelingt, ein Berliner Mädchen zu verführen. Es sollte die Gefahr gemindert werden, dass ein netter verliebter Grenzsoldat etwa dem Bruder seiner Flamme diese verbotenen Fragen beantwortet: An welcher Stelle der Mauer gibt es einen toten Winkel, der vom Turm der Wachposten schlecht einsehbar ist? Wann findet und wie der Wachwechsel statt? Wo genau sind die dünnen Stolperdrähte installiert, die den Alarm auslösen oder eine Selbstschussanlage? An welcher Stelle überwindet der Flüchtling womöglich den Minengürtel? Sind Unwetter günstig fürs Abhaun? Sind die vielen Suchscheinwerfer gefährlicher als der Vollmond? und wer weiß was sonst noch für Informationen. Auch hier hatte die Partei mal wieder recht: Die Wahrscheinlichkeit, dass irgendeine Berliner Pflanze sich von einem

Sachsen pflücken lässt, war statistisch gering. Falls solch ein Junge etwa in der Berliner Bärenschenke Friedrichstraße 124 saß und irgendeine Ostberlinerin auf Sächsisch zum »Gaffee« einlud oder zu »eenem Pier«, na, da verging der Schönen sofort der Durst.

Stress hatte Monika mit der Mutter, die wollte partout keenen Sachsen im Bett ihrer Tochter liegen haben. Die krude Frau war angefressen, als ihr Töchterchen ausgerechnet solch einen Typen anschleppte. Und nun drohte auch noch, dass der Sachse die Schandtat beging und in die SED des »Spitzbartes« Walter Ulbricht eintrat und zur »Partei-Sau« wurde, na det hat uns jrade noch jefehlt!!

Welchen Fehler sollte ich machen: abraten oder zuraten? Ich riet ihr ab. Und sie, das erzählte sie mir später im Vorübergehen im Hausflur, riet ihm daraufhin noch entschiedener ab als ihre Mutter. Jedoch: Der Mann hörte nicht auf seine Frau. Er stieg auf zum Untergenossen, er wurde befördert im VEB Milchhof und wurde ein höher qualifizierter und besser bezahlter Molkereifacharbeiter. Mutter und Tochter schluckten die rote Kröte. Eine Neubauwohnung bekamen sie trotzdem nicht.

Wieder vergingen ein paar Jahre, erst dann hörte ich erneut etwas, und diesmal von einem echten Drama: eine realsozialistische Tragödie unserer einstmaligen Schauspielerin im Hinterhof-Theater. Monika hatte mit der Zeit rausgekriegt, dass ihr Mann sich noch in einen anderen, einen Nebenjob eingearbeitet hatte. Nach Feierabend schmiss er sich in Schale und parfümierte seine Schmachtlocken. Doch statt, wie behauptet, ein Bier trinken zu gehen, flanierte er die Oranienburger runter und lief bis zum Monbijou-Park. Hier ging er im Abendlicht auf Pirsch im Jagdrevier der Schwulen.

In Monikas Augen ging er also doppelt auf den Strich: als Genosse am Tag mit der Partei und am Abend als Stricher fürs Extra. Ob Monikas Sachse auch schwul war, wie soll ich das wissen? Ich weiß aber, dass Homosexualität – anders als damals noch in Westdeutschland – im Osten schon seit 1968 nicht mehr als eine Straftat verfolgt wurde. Kleine Eselsbrücke: Im gleichen Jahr also, als die Truppen des Warschauer Paktes den Prager Frühling mit Panzern plattmachten, war in der DDR der Schwulen-Paragraf 175 abgeschafft worden. Wie schön!! – Es war eben doch nicht alles schlecht in der DDR!

Die erotischen Dienstleistungen für Homosexuelle aus Westberlin waren nicht nur verführerisch preisgünstig, sie waren – viel wichtiger – nicht strafbar! Monikas Ehemann verdiente sich bei seiner Laufkundschaft im Monbijou-Park am »grünen Strand der Spree« ein paar Valuta-Kröten. Genauso gern ließ er sich bargeldlos bezahlen in West-Naturalien. Die kauften ihm seine Freier in dem großen Intershop unten im S-Bahnhof Friedrichstraße. Dort kostete eine Stange Marlboro halb so viel wie am

Bahnhof Zoo. Im Sortiment ein preiswertes Flakon Chanel No. 5, ein Pfund echte West-Bohne, drei Tafeln Van-Houten-Schokolade zum halben Preis, original Chewing Gum und echter schottischer Black & White-Whisky.

Monika muss todunglücklich gewesen sein über ihren Milchmann. Eines schönen Abends, er hatte sich wieder elegant aufgeputzt für seinen Zweitjob und wollte grade die Runde drehn, stand seine junge Ehefrau in der Wohnungstür und zischte: »Heute gehst du nicht!« Doch der Sachse schob sie lächelnd beiseite und ging aus der Tür. Diese Lässigkeit erwies sich als ungesund.

Monika war zerbrechlich schroff. Sie war klug und stark und stolz. Sie hatte die kühle Grazie einer Seeräuber-Jenny: »Und wenn dann der Kopf fällt, sag ich Hoppla!« Das lange Küchenmesser, das sie ihrem Mann en passant tief in den Rücken stach, traf nicht sein Herz. Es blieb einfach bis zum Knauf in ihm stecken. Mit der Klinge im Rücken ließ Monika ihn gehen. Der Genosse torkelte aus dem Hof und tappte in kleinen Schritten die Friedrichstraße runter. Mit leicht erhobenen Armen lief er röchelnd an der Bärenschenke vorbei, quer über die Straße zum Johannis-Eck. Links in die Ziegelstraße Nummer 11. Dort erreichte er die Unfallklinik der Charité. Er hatte alles richtig gemacht: Hätte ihm wer das Messer rausgezogen, wäre er verblutet. Die Stahlklinge im Körper war seine Rettung.

Was Wunder, die junge Frau ist kurz darauf verhaftet worden. Monika wurde angeklagt. Mildernde Umstände gewiss, aber sie musste wegen versuchten Mordes verurteilt werden. Nach paar Jahren wurde sie wegen guter Führung vorzeitig entlassen. Als sie mit ihrer Habe das Frauen-Zuchthaus Hoheneck verließ, holte sie keiner ab. Endlich frei, fuhr sie mit Freifahrkarte nach Berlin. Sie klingelte an der Tür unten in unserem Hinterhof. Und peilte die neue Lage auf den ersten Blick: Ihr verkrachter Ehemann lebte inzwischen als Liebespaar mit ihrer Mutter. Alles falsch, so wie im richtigen Leben.

Kein Gezänk. Kein böses Wort. Ihr Ex und ihre Mutter gingen schnell noch was holn im Konsum fürs gemeinsame Abendbrot. Monika, sagten sie, solle erst mal auf'm Sofa in der Küche schlafen. Die Entlassene zögerte nicht lange. Sie steckte ihren Kopf in den Gasofen und schlief sich aus.

Das Gedicht vom Fisch, der zerschnitten wird

Nur ein paar Schritte entfernt von meiner Wohnung in der Chausseestraße 131 liegt der Hugenottenfriedhof mit Brechts Grab. Das Brecht-Archiv im Hinterhof nebenan, eingerichtet in Brechts ehemaliger Behausung. Der schöne alte Friedhof war unser Park. Dort saß ich Stunden mit der uralten Maria aus Weißrussland auf der Rasenbank und lernte die Lebensphilosophie einer großen Kartoffelschälerin in einer Berliner Werkküche seit 1902. Die Ratten der Luft zerschissen Heinrich Manns Bronzekopf, und der große Ich-Philosoph Johann Gottlieb Fichte lächelte in der Mittagshitze über irgendein Liebespaar auf der Mauer vor der Gruft gegenüber.

Ein paar Meter weiter auf derselben Straßenseite des Friedhofs eine schmuddelige, sympathische Altberliner Gaststätte. Herbst 1969, ein früher Nachmittag. Fünf, sechs Tische in dem kleinen Kneipenraum, alles leer, aber nicht ganz leer. An einem runden Tischchen neben der Wand saßen einander beim Bier zwei Männer gegenüber. Es waren, wer weiß, irgendwelche Bauarbeiter der kommunalen Wohnungsverwaltung KWV, die eine verlängerte

Mittagspause machten, weil mal wieder kein Material da war. Ich setzte mich an einen Tisch daneben und bestellte beim Ober die ungarische Gulaschsuppe für 'ne Mark zwanzig.

Der rechte Mann – ein Koloss, der linke – ein Strich. Der Strich drehte sich zu mir rüber und fragte:

»Franzose?« Ich schüttelte den Kopf.

»Russe …? Deutscher …?«

»Nee«, sagte ich, »DDR.«

»Hm …, DDR … Du hassja 'n Bart wie Biermann!«

Ich antwortete – und aus Daffke – mit gespielter Aggressivität: »Bei Biermann is der Bart schon längst ab!«

Man soll nicht allzu schlagfertig sein wolln! Der Dünne sprang auf, packte mich an der Jacke und knurrte ohne alle Spielerei: »Bei Biermann, mein Lieber, is der Baat jetzt erst richtig dran!«

Oh, wie genoss ich diese Szene! Das Volk, jawohl! ein Proletarier! persönlich! ein echter Arbeiter verteidigte mich Outcast. Mitten im Arbeiterparadies nahm dieses dürre Männel den verbotenen Biermann in Schutz vor den dummen Sprüchen irgend so eines dahergelaufenen Angebers mit Biermannbart. Ich fühlte mich proletarisch geadelt und leckte dankbar meinen Ruhm.

Dann aber kam der Ober mit der Suppe, stellte sie vor mich hin und sagte: »Bitte sehr, Herr Biermann.«

»Biermann?«, fragte der Dünne. »Ha' ick ma vahört? Du bis Biermann??« Ich lächelte scheinheilig und sagte wie Jesus von Nazareth: »Ich bin's.«

Der Mann musterte mich durch schmale Augenschlitze.

»Du bissoch nich Biermann!«

»Doch, doch, ich bin es«, beteuerte ich.

»Beweise!«, forderte er. »Los! Zeich dein' Ausweis!«

Nun wollte ich nichts lieber auf der Welt, als dieser Biermann sein. Endlich ergriff nicht nur ein Student Partei für mich, sondern ein Fan aus der echten Arbeiterklasse! Aber: Das Ausweis-Vorzeigen gefiel mir nicht. Es war zu billig, es beleidigte mein Herz. In der DDR war es Pflicht, ständig seinen Ausweis bei sich zu tragen. Eine beliebte Standardnummer der Volkspolizei war es, auffällige oder unliebsame Passanten auf der Straße mit dem Befehl zu schikanieren: »Ausweis bitte!«

Ich sagte: »Ausweis zeigen is ja blöd.« Und zu meinem Vergnügen antwortete mein Biermann-Fan: »Stimmt! Det is wirklich blöde. Immerzu muss man diese Scheißer hier die Flappen zeign! Wenn de wirklich Biermann bis, denn saach mir 'n Jedicht von Biermann!«

»Ja klar«, sagte ich, »nichts leichter als das.«

»Nee, nee!«, schnaufte er, »nich irjendeens … Saach mir det Jedicht von den Fisch, der zerrr-schnittn wird!«

»Ja gut«, sagte ich, »das Gedicht … von dem

Fisch …, der zerschnitten wird …« Mir fiel absolut nichts ein.

»Was für'n Gedicht? über was für'n Fisch?«, stammelte ich. Und als ich sein misstrauisches Gesicht sah: »Du verwechselst das! Meinst du vielleicht das tolle Gedicht von Brecht?

Den Haien entrann ich
Die Tiger erlegte ich
Aufgefressen wurde ich
Von den Wanzen.

»Quatsch keene Opern«, sagte der Dünne. »Lass hörn, jib Laut. Von Biermann det Jedicht von den Fisch, der zaschnittn wird. Kennste nich? Det is'n berühmted Jedicht, Orje!«

»Doch, doch!«, beteuerte ich, »natürlich kenn ich meine Gedichte, aber das vom Fisch, der zerschnitten wird …, fällt mir jetzt grade nicht ein.«

»Also Orje, von dem Fisch, der zaschnittn wird! Kennste nich? Nee? Kennste nich?«

»Nee.«

»Mänsch, Orje, denn bisste ooch nich Biermann! Wat jibste denn hier so an, du alte Feifä …, jib lieba mal een aus!«

Ich war sauer. Ich sagte gar nichts mehr. Ich hieß nun Orje und löffelte meine Suppe und ärgerte mich über meine Blödigkeit. Es war wie ein verpatzter Flirt des Intellektuellen mit der rabiaten Arbeiterklasse.

Die beiden Biertrinker langweilten sich. Und waren offenbar nicht nachtragend. Meine kleine Angeberei war vergessen. Der Dünne hängte sich wieder rüber zu mir und winkte mich ran. »Komm, trink ein' mit uns.« Vor dem Tisch der beiden stand noch ein freier Stuhl. Ich weiß nicht, warum ich mich nach alldem doch rübersetzte zu den Rüpeln. Mit Blick auf die Wand hatte ich links vor mir den Dünnen, rechts den Dicken. Der Dicke hatte bisher kein einziges Wort gesagt. Der Dünne winkte den Ober ran: »Drei Bier!«

»Nein danke«, sagte ich, »ich trink lieber 'n Apfelsaft.«

»Ooch jut, Appelsaft, denn vajifte dich ma nich, Orje.«

Es war klar, mein Stern an diesem Kneipenhimmel sank immer tiefer. Orje ist kein Biermann und trinkt auch kein Bier. Dann aber kamen wir ins Gespräch, das Geplänkel war vergessen. Und der Dünne erzählte mir, warum er über sechs Jahre im VEB Knast gesessen hatte: Erst mal zwei Jahre wegen Hetze, Paragraf 106.

»Was haste denn gemacht?«

»Nix haa'k jemacht. Uff de Mauer haa'k jeschimpft. Scheißmauer – so wat. Un denn haa'k uff Arbeet azählt, dett ick Idiot an 12. Aujust nich de Mücke jemacht hab. Wo ick in Kino drüben war, da bin ick Dussel zurückjekomm', ick Idiot … Hat doch damals keener von uns jeglobt, dat die rotn Sockn Ernst machn …«

»Gut«, sagte ich, »das sind zwei Jahre. Aber sechs?«

»Na ja, denn kam ick in Vollzuch nach Cottbus. Da warn wa mit acht, saa'k dir, mit acht Mann inne Einzelzelle! Det war Folta, saa'k dir.«

Er erzählte mir von der Hierarchie unter den Häftlingen. Ein Sportfunktionär, der irgendwelche Gelder veruntreut hatte, machte den Chef in der Zelle. Er stand bei den Mithäftlingen im Verdacht, Spitzel zu sein. »Der fraß dir de Wurscht unter de Zunge weg.« Und als dieser sozialistische King Kong einen verzweifelten, blassen Jungen, einen Neuzugang, unter dem brüllenden Gelächter der andern von hinten entjungfern wollte, da haute der Dünne dem Zellenchef das Maul nach hinten. Er schlug den Oberaffen knastkrankenhausreif. Dabei beschimpfte er ihn nicht nur als rote Socke, sondern auch als Stasispitzel.

Der Dünne grinste: »Na, und da kriegte ich Nachschlag. Versuchter Totschlag und faschistische Hetze! Vier Jahre und paar Zerquetschte.«

Das kam selbst mir, der viele Geschichten gehört hatte, sehr teuer vor. Ich fragte: »Das kann doch nicht sein, da musste doch noch was andres gegen dich vorliegen!«

»Nee, Mensch, so warn ebn die Preise …«

Ich wollte es genauer wissen und stachelte den Dünnen mit immer neuen Fragen. Er erzählte, wie er einundzwanzig Tage in den Keller kam, mitten im Winter, ohne Heizung, mit nur einer Pferdedecke und 'ner Scheibe Brot, und alle zwei Tage 'ne Schüssel Suppe: »Det war Dreckwasser mit 'ne faule Kartoffl drinne bei die roten Säue. Denn ein' Tag raus, weil et vaboten war, länger als einundzwanzig Tage. Aber an nächstn Tag gleich wieder ab! Noch mal einundzwanzig Tage.«

Der Mensch kam immer mehr in Fahrt, erzählte und erzählte. Und sein Kumpel, der große Schweiger, wurde immer unruhiger. Er stieß seinen Freund unterm Tisch gegen das Schienbein. Aber der hatte sich so in Rage geredet, dass er den Tritt gar nicht bemerkte. Seine Lebensgeschichte brach aus ihm heraus wie im alten französischen Lied die Eingeweide aus der klaffenden Wunde des Königs Renaud. Und ich fragte und fragte dem Dünnen lauter staatsfeindliche Löcher in' Bauch.

Plötzlich explodierte der Dicke. Er brüllte seinen Kumpel an: »Mensch, halt doch die Fresse!« Und diese fünf gebündelten Wörter klangen wie ein Alarmschrei. Da kapierte der Dünne endlich und wusste, wer ich wirklich war: ein Spitzel. Panisch sprang er auf, erstarrte aber in dem Moment, als er mir an die Gurgel gehen wollte. In seinem Blick: Entsetzen, Zorn und Verachtung. So hing der Mann zwischen Sitzen und Stehn. Es fiel ihm wie Schuppen von den Augen, dass ich ein Agent provocateur der Stasi sein musste. Der Hass auf mich hatte ihn vom Stuhl hochgerissen, die Furcht vor dem Knast aber hielt seine zittrigen Hände zurück.

Auch ich kapierte schlagartig die Situation. Ich sah sein Elend, die Panik, seine wütende Verzweiflung. Ich sprang auf und langte, und mit flattrigen Fingern, in die Brusttasche meiner Jacke. Ich riss den verfluchten Ausweis heraus, fetzte die richtige Seite auf und hielt dem Dünnen mein Foto vor die Nase.

»Biermann …«, flüsterte er. Und zu dem Dicken gewandt: »Dis isser …, dis is der Biermann!« Mein Dünner kicherte. Erleichterung. Wir sanken auf die Stühle zurück. Er haute mir auf die Schulter. Er weinte. Verlegen wischte er sich mit dem Handrücken die Tränen aus dem Gesicht. Wir schwiegen dasselbe Schweigen. Hin und wieder flammte ein Lachen auf. Und dann trank ich doch noch ein Berliner Pils für 49 Pfennig. Das war klar: Dieser Schreck musste begossen werden!

Bisschen später, als wir uns angefreundet hatten, kriegte ich auch raus, welches verfluchte Gedicht er gemeint hatte. »Vom Fisch, der zerschnitten wird«, war mein Pasquill aus dem Jahr 1962:

Rücksichtslose Schimpferei

1

Ich Ich Ich
bin voll Hass
bin voll Härte
der Kopf zerschnitten
das Hirn zerritten

Ich will keinen sehn!
Bleibt nicht stehn!
Glotzt nicht!
Das Kollektiv liegt schief

Ich bin der Einzelne
das Kollektiv hat sich von mir
isoliert
Stiert mich so verständnisvoll nicht an!
Ach, ich weiß ja schon
Ihr wartet mit ernster Sicherheit
dass ich euch
in das Netz der Selbstkritik schwimme

Aber ich bin der Hecht!
Ihr müsst mich zerfleischen
zerhacken, durchn Wolf drehn
wenn ihr mich aufs Brot wollt!

2

Ja, wenn ich zahnlos wäre
nenntet ihr mich reif

Wenn ich bei jeder fetten Lüge
milde lächeln würde
wär ich euch der Kluge

Wenn ich über das Unrecht hinweggehn würde
wie ihr über eure Frauen hinweggeht
– ihr hättet mich schon längst
in euer Herz geschlossen

3

Das Kind nicht beim Namen nennen
die Lust dämpfen und
den Schmerz schlucken
den goldenen Mittelweg gehen
am äußersten Rande des Schlachtfelds
den Sumpf mal Meer, mal Festland nennen
das eben nennt ihr
Vernunft
Und merkt nicht, dass eure Vernunft
aus den Hirnen der Zwerge
aus den Schwänzen der Ratten
aus den Ritzen der Kriechtiere
entliehen ist? Ihr
wollt mir den Kommunismus predigen
und seid die Inquisition des Glücks. Ihr

zerrt die Seelen auf den Feuerpfahl. Ihr
flechtet die Sehnsucht auf das Rad. Ihr!
Geht mir weg mit euren Schwammfressen!
Geht beleidigt und entrüstet!
Geht mit Kopfschütteln über meine falsche Haltung
aber Geht!

4
Ich will beharren auf der Wahrheit
ich Lügner

5
Ich habe euch lieb
Hier habt ihr den Schrieb
schwarz auf weiß
ich liebe euch heiß
aber jetzt lasst mich bitte allein sein
auf der schiefen Linie
getrennt vom Kollektiv
Ich liege eben schief
Ich lieg bei meiner Frau
und die kennt mein Herz

»Dis is jarkeen Leben, dis is ploß Kunst!«
– Oma Meume

Die »Moritat auf Biermann seine Oma Meume in Hamburg« in platten Reimen – die reimte ich mir 1966 zusammen, im ersten Jahr meines Totalverbots. Das Lied war mir eine Art plebejisches Schutz-Amulett gegen die falschen Proletarier in der Parteiführung. Die Bänkelsänger-Ballade über die harten Zeiten des Frühkapitalismus sollte mich schützen vor den parteifürstlichen Bonzen des Politbüros der SED. Und so krähte ich die Knüttelverse munter in meiner Bude, im Leierkasten-Sound eines alten Küchenlieds im Spätstalinismus.

Mein Urgroßvater, der Maschinist Karl Schimpf, war aufgewachsen in Halle, als Nachkomme der Hallenser Halloren und Halunken an der Saale. Er soll ein lebenslustiger und trinkfester Kerl gewesen sein. Seine Frau hatte ihm eine Tochter geboren, eine Martha. Die junge Mutter blutete bei der Entbindung nicht nur aus dem, was Gustave Courbet »L'Origine du Monde« nennt, sondern leider auch aus dem Mund. Sie spuckte Blut. Die TBC hieß damals noch Schwindsucht. Nach paar Tagen, noch im Kindbett, starb die Mutter dem Kind weg, das Jahrzehnte später meine Oma Meume wurde. Ich darf also die Salzstadt Halle zu meiner Heimat rechnen. Und das dreck'sche sachsenanhaltin'sche Säcks'sch, wie es mir viel später in Hamburg-Hammerbrook aus dem Munde meiner Oma kam, wurde und blieb meine geliebte Groß-Muttersprache.

Oma Meume war als Erzählerin ein Naturtalent. Und wie man aus den Versen erfahren kann, bin ich ihr »bester Enkel« geworden. Mir vertraute sie. Nachdem die Alte sich die Moritat angehört hatte, dreimal, viermal, war sie hochzufrieden mit meinem Werkchen. Das wusste sie genau: Ihr kleiner Wolf war ein richtiger Dichter geworden, der sich bisschen sonderbar einen »Liedermacher« nannte. In Hamburg besuchten sogar paar Schüler mit ihrem Deutschlehrer und sogar Studenten die Biermann-Oma in Langenhorn. Bei Kaffee und Kuchen fragten sie die alte Kommunistin aus. Das Geschichtenerzählen machte ihr Spaß.

In ihrem Repertoire wechselten die Grimm'schen Märchen mit wahren Geschichten aus der eigenen Vergangenheit, den Weltuntergängen im unerhörten Leben eines Waisenkindes, gehalten in der streng pietistischen Zwangsjacke. Den Mordversuch des Vaters an seinem Kindchen in ihrer Moritat habe ich nicht etwa poetisch erfunden, sondern nur verdichtet. Ja, es war wirklich alles so krude: Der Maschinist in Halle verlor 1885 nicht nur die Frau, sondern eine Woche später auch noch seine rechte Hand. Keine

Arbeit mehr. Kein Geld. Mensch, wasche du mal mit nur einer Hand die Windeln! Und wickele du mal so 'n Balg! Und woher die Milch nehmen? Sollte er dem Baby altes Brot vorkauen, wie die verzweifelten Mütter in der Hungerzeit? Eine Amme konnte er nicht bezahlen. Und seine Linke war nur noch gut zum Saufen. Und darum versuchte der Mann, das schreiende Elend loszuwerden. Nach dem misslungenen Mord schleppte Karl Schimpf sein Balg reumütig ins berühmte Waisenhaus der Franckeschen Stiftungen, gleich nebenan.

In diesem evangelischen Regiment wuchs das Menschenkind auf mit Haferschleim und Kirchenliedern, mit Gebeten und Stockschlägen. Der gescheiterte Kindsmörder soff sich von Monat zu Monat immer tiefer in den Abgrund. Die Kumpane lachten über seinen Standardspruch: »Das Achdunt-vierzschte is meins!!!« Doch das Lachen verging ihnen. Denn als das 47. Grab auf dem Heidefriedhof für Selbstmörder frisch belegt war, hängte mein Urgroßvater sich tatsächlich am gusseisernen Gitter über dem 48. Grab auf. Solche armen Hunde bekamen damals nur eine Nummer auf das Grab, keinen Stein mit Namen und Jahreszahl. Sein ahnungsvoller Saufbruder fand Karl dort hängend am folgenden Tag, draußen vor der Stadt. Er zog dem Toten die Schnapsbuddel aus der Tasche, sie war noch halb voll. Und auf das Wohl seines kalten Freundes schluckte er den Geist aus der Flasche.

Als Halbwüchsige wurde die kleine Martha vom Waisenhaus an eine gutbürgerliche Familie in Obhut gegeben. Das bedeutete, sie arbeitete für Kost und Logis hart, sieben Tage die Woche. Als Hausmädchen musste sie zu jeder Mahlzeit den Tisch decken. Teller, Unterteller, Schalen, Gläser, Bestecke, Blumenvase. Immerhin durfte sie mit am Tische sitzen. Aber die Herrschaften bedienten sich einer perfiden Art, das Mädchen vorzuführen, wenn es einen Fehler gemacht hatte. Der Herr Direktor brüllte: »Martha!!! Hole die Leiter!« – Das Waisenkind holte die Trittleiter aus der Wäschekammer. Die beiden Schenkel des wackligen Gestells musste sie neben dem Tisch aufstellen. Dann hochkrabbeln. Oben hinsetzen. Oben sitzen bleiben. Und lange auf den Tisch runterstarren! So lange, bis sie selbst darauf kam: »Ein Salzstreuer fehlt vielleicht? Oder im blanken silbernen Ring die gestickte Serviette der Dame des Hauses?« – »Nein, Martha: Es fehlt die Kelle in der Terrine zum Schöpfen der Suppe!«

Frau Direktor hatte das Mädchen in ihrem Bett nachts beim Lesen erwischt. Das Lesen im Bett war dem Kind streng verboten. Ich konnte es kaum glauben, als meine Oma mir diese Geschichte erzählte. Die Strafe für das unerlaubte nächtliche Lesen war: Sie musste, und vor den Augen der Familie, am folgenden Mittag eine weich gekochte Maus essen! Ganz und gar, mit Knochen und Fell. »Mensch, Oma, du schwindelst! So ’ne Maus mit Fell kann doch kein Mensch runterschlingen«, meckerte ich. »Dis weeß ich nicht mehr, mei Junge. Aber die Kinder am Tische haben jekichert, dis werde ich nie verjessen!« Ich sagte: »Mannomann, Oma Meume, daraus kann ich mir leider keine Moritat dichten. So 'n Schauermärchen glaubt uns kein Aas!«

Kein Wunder, das Kind aus dem Waisenhaus wurde immer verstörter und immer verstockter. Schließlich stellte Martha sich gänzlich taub und stumm und steif. Mit dieser Notwehr erzwang sie, dass sie mit Ach und Krach wieder zurückdurfte in das gefürchtete Waisenhaus.

Mit vierzehn war die Schulzeit endlich vorbei. Auf Arbeit! Martha Schimpf landete als Hilfsarbeiterin in einer großen Hallenser Kartonagenfabrik. Sie wurde dort schnell das Aschenputtel, der Fußabtreter, ein Putzlappen. Ihr wurden die Dreckarbeiten aufgeladen. Sie wurde gescheucht. Jeder geprügelte Rotzbengel kühlte an dem halben Kind sein Mütchen. Sie war klein, grad eineinhalb Meter. Und sie wog keinen halben Zentner. Sie hatte noch nicht ihre Tage. Die Weiber an den Maschinen kommandierten sie. Der Vorarbeiter knuffte sie. Die Fabrik erwies sich für sie schlimmer als das Waisenhaus.

An einem schönen blauen Sonntag aber stach ihr ein fremder Mann, ein wunderlicher Kauz mit einer Rose am Hut, unten am wilden Strand der Saale eine Möwe. Er tätowierte ihr die zittrige Silhouette des fliegenden Vogels auf den linken Arm. Simpel wie eine Kinderzeichnung und klein war diese blaue Möwe. Winzig. Die Spannweite der Schwingen vielleicht nur drei Zentimeter breit. Aber das reichte dicke.

Denn von diesem Tag an begann für Martha Schimpf ein anderes Leben. Die lächerliche Tätowierung am Unterärmchen gab ihr den Mut, sie ließ sich nie wieder und nirgendwo und von keinem irgendeine Demütigung gefallen. Von nun an sprang sie, wenn's sein musste, der Welt mit dem Arsch ins Gesicht. Todesmutig? Zu Tode verzweifelt? – wer weiß. Egal, die kleine Möwe verschaffte diesem misshandelten Menschenkind eine neue Aura. Körper und Seele waren fortan wie beschützt von einem Zauber. Mit dem blauen Symbol war ihre zweite Geburt besiegelt, fürs ganze Leben eine stabile Renaissance.

Natürlich kannte ich von klein auf dieses Tattoo. Das Tintenblau verblasste in den Jahrzehnten. Die Schwingen der Möwe schrumpelten mit der Haut. Erst viel später fiel es mir auf: Meiner Oma Meume ihr Vogel flog über den linken Unterarm. Auf gleicher Höhe, auf der im Februar 1943 irgendein Funktionshäftling in Auschwitz ihrem Schwiegersohn Dagobert Biermann die obligate Nummer in die Haut hatte stechen müssen.

Als ich schon ein Knabe geworden war, schwärmte die Alte mir und meinem Cousin Kallemann manchmal was vor von einem tollen Lokal in Halle, genannt »Zum pluutchen Gnochn«. In jener Kneipe schlugen sich die Halunken tatsächlich auch mal die Knochen blutig, beim Spiel der Geschlechter in der Fuselhölle. Und es florierte an der Saale eine Art Lumpen-Paradies: der Tanzpalast »Zur dreckschn Schürze«. Dort hatten die jungen Mädchen ein drolliges Privileg: Sie durften am Wochenende umsonst, ohne den Groschen Eintrittsgeld, rein in den Festsaal. Aber nur, wenn sie sich eine kleine »drecksche« Küchenschürze übers Sonntagskleid vorgebunden hatten. Damit galten sie pro forma als Dienstmädchen, die im Auftrage kurz irgendetwas im Lokal hatten abliefern sollen oder abholen. Drinnen aber banden sich die jungen Dinger die Schürze wieder ab und verstauten den Fetzen in einem Beutel. Dieser Trick lohnte sich für alle. Für den Gastwirt stieg der Umsatz, die Kerle, auf der Pirsch nach »frischem Weiberfleisch« angelockt, bestellten nun doppelt so viele Biere und Schnäpse.

Das magere Mädchen fand bald einen Festen, so wurde sie eine kleine Frau. Ihr Kerl hatte schöne Locken. Locken konnte der die Weiber mit seinem glühenden Menschheitsretter-Gesicht. Und sie lockte ihn mit der lockeren Zunge. Karl Dietrich hatte die hohe Stirn eines Denkers und die Pranken eines Packers. Er machte eine Lehre als Schmied. Als beim Schmieden ihm ein glühender Splitter ins Auge sprang, musste er Schluss machen. Mit nur einem Auge kann man die Entfernung zwischen Hammer und dem glühenden Eisen auf dem Amboss nicht mehr peilen.

Marthas Liebster wurde Steinträger auf dem Bau. Die schlechtest bezahlte und schwerste Arbeit. Immer zwanzig Klinker auf dem Schulterbrett, ich schätze über einen Zentner. Die Hucker stiegen in Holzpantinen, damit ihnen bei dieser Knochenarbeit die Füße nicht kaputtbrechen, auf den Leitern die Stockwerke hoch zu den Maurern. Tag für Tag.

Ihr Kerl fand zu wenig Arbeit in Halle. Als er 1904 in Kiel eine fand, zog seine Kleine ihm hinterher. Sie waren nicht verheiratet. Das Paar bezog eine Kleinwohnung in einem Neubau. Der frische Mörtel schwitzte noch monatelang Wasser aus, so viel, dass die Bewohner krank wurden. Man lockte arme Leute in solch feuchtes Gemäuer, das sie für eine geringe Miete erst mal »trocken wohnten«. Die Ärzte nannten die Folgen Tuberkulose. Im Volksmund: Wir kriegen die Motten.

Das erste Kind, Emma, wurde am 15. September 1904 dort geboren, da war Martha neunzehn Jahre alt, also noch nicht volljährig. Ein Bett, darin schliefen die Eltern. Das Kind lag auf einer Matratze am Boden. Es war eine glückliche Zeit, denn endlich hatte sie ihn so weit: Karl meldete im Standesamt die Heirat an.

Das Hochzeitskleid war eine Leihgabe der Nachbarin – und es war einen halben Meter zu lang für meine kleine Oma. Die Braut wickelte sich den Stoff zweimal um den Gürtel, so elegant wie möglich in

Falten gelegt. Auch die viel zu großen Schuhe waren ausgeliehen, mit den Zehen krallte Martha die eleganten Latschen bei jedem Schritt fest. Auf dem Kopf balancierte sie den Kompotthut einer Freundin.

Am Tage der Eheschließung in Kiel erschien gegen Mittag der Bräutigam vor dem Standesamt. Er hatte den Kollegen paar Bier spendieren müssen und marschierte mit ihnen in Arbeitskluft zur Trauung. Alle waren schon leicht angetütert und in sentimentaler Stimmung. Die Bauarbeiter durften nicht mit rein ins Amt, aber sie blieben davor auf der Straße stehen. Und als der Beamte in der Zeremonie die entscheidende Frage stellte, skandierten die Kerle durchs Fenster: »Kalle sech nee!! Kalle sech nee!! Kalle sech nee!!« Zum Glück sagte Karl Dietrich »Ja«. Die Braut weinte vor Freude. Dennoch sprach sie mit fester Stimme das erwartete Jawort.

Die Bauleute und der frischgebackene Ehemann trollten sich wieder ans Werk. Als Karl Dietrich am Abend von der Arbeit kam, zwängte er sich in seinen Konfirmandenanzug. Dann band er sich schnieke das rote Bohème-Tüchlein um den Hals und schniegelte seine Locken mit Pomade. Auf Pump hatte er noch zwei Kasten Bier rangeschleppt. Aber die Attraktion der Hochzeitsfeier war ein Matrose, den kein Aas kannte. Der hatte ein Grammofon dabei, mit einer einzigen Schallplatte. Das war ein Wunderwerk! Er nuddelte mit der Kurbel die Feder stramm, der Teller drehte sich. Dann setzte er die Schalldose mit der dicken Stahlnadel vorsichtig auf die Schellackplatte. Und schon spielte eine Tanzkapelle den schönsten Tango!

Als der Matrose seine Platte das erste Mal abspielte, tanzte keiner, alle hörten nur zu und staunten. Echte Musik aus'm Kasten! Beim zweiten Mal tanzte auch keiner. Aber beim dritten Mal klatschten alle im Rhythmus und riefen: »Die Braut und der Bräutigam!« Doch Karl Dietrich ließ sich nicht locken, er blieb sitzen, er wollte partout nicht. Da sprang der Matrose ein. Er forderte die Braut auf und tanzte mit ihr den Tango bis zum letzten Takt. Nicht etwa zu eng, von wegen mit einem Ohr im Sand. Ach was! – eher sittsam, bisschen täppisch. Als der Tango von vorne losging, erhob sich der Bräutigam. Er blökte im sächsischen Ton: »Ich danze nich mit eener Madroosenhure!«, und stürzte raus auf die Straße. Der Matrose packte seinen Wunderapparat ein und lief hinterher. Die beiden Männer machten noch eine kleine Tour durch die Kneipen.

Die verdatterte Braut gab ihrem Baby die Brust und legte sich schlafen ins leere Ehebett. Zwischen Mitternacht und Morgen hörte sie ihren Karl schon von weitem. Dies Geschepper kannte sie. Wenn er angesoffen nach Hause kam, drosch er im Takt mit einem Knüppel im Vorübertorkeln auf die blechernen Müllkästen vor den Häusern. Dazu grölte er das schöne alte Lied »An der Saale hellem Strande stehen Burgen stolz und kühn …«. Das vertraute Hämmern kam immer näher. Und schon stand er in der Tür und riss sich den Anzug runter. Dann schmiss er sich zu seiner Gattin ins Bett. Die drückte sich an die Seite. Er schlief ein. Sie lag wach und weinte.

Immerhin, er stand auf am Morgen, so wie immer, um sechs Uhr. Er fluchte vor sich hin und atmete schwer. Er stieg in seine Arbeitskluft. Dann griff er sich die letzte Flasche Bier aus dem Kasten. Seine junge Frau sah unter der Bettdecke auf dem Laken irgendwas Dunkles schimmern. Sie dachte im ersten Schreck, es müsste vielleicht ihr Blut sein. Aber nein, es war einfach nur seine Scheiße. Nun stand sie auf und zeterte: »Garrl, dis war nu unsre Hochzeetsnacht??« Sie rollte das Laken zusammen und schimpfte: »Dein' Dreck, du, den wasch ich aber nicht!« Er riss ihr das Laken aus den Händen und blaffte zurück: »Das brauchst du auch nicht!« Dabei schleuderte er mit kämpferischer Gebärde das Bündel in die Abfallkiste und stapfte wütend aus der Wohnung. Und Oma Meume? Sie zottelte das Bettlaken wieder raus. Sie hat es ausgewaschen. Es war ihr einziges.

Meine Oma Meume hat mir so manches anvertraut, was sie nie jemandem erzählte, auch nicht ihrer Tochter Emma. Ohne Scheu, ohne Scham gestand sie, dass ihr herzensguter Mann erst als Genosse der Kommunistischen Partei ein ganzer Mensch wurde. Er hatte sich in den zwanziger Jahren im

Rotfrontkämpferbund nicht etwa für sein knüppeldickes Sächsisch geschämt, aber doch für sein falsches Deutsch. Er wollte in der Versammlung nicht immerzu »mir« und »mich« verwechseln.

Der Genosse Ernst Thälmann, der bei den Dietrichs ein und aus ging wie ein guter Onkel, hatte in einer Rede das große Hammer-und-Sichel-Wort geschwungen: »Genossen, wir Kommunisten müssen zu unseren Frauen ein kommunistisches Verhältnis haben! Auch das ist Klassenkampf! Die Frauen sind unsere Genossinnen im Kampf um die Weltrevolution!« Als fortschrittlich galt auch das Thema Verhütung.

Aber davon hielt der Steineträger wohl nicht viel. Oma Meume weinte ein paar Tränen und lachte dabei. »Mich hat mei Garrl im Bett nie jeschont. Bei Dage war er Gommunist. Bei Nacht war er 'n Faschist.« Fast jedes Jahr musste die junge Frau abtreiben. Sie hatte nix von der Liebe. Nur einmal, flüsterte sie mir, habe sie im Leben einen Orgasmus gehabt. Mit einem wildfremden Matrosen, der sie in einen Hausflur zog und von hinten nahm. »Tja, mei Gleener, da kannste dir ja was traus zusamm'dichtn.«

»Nee, Oma, das wäre zu peinlich!« Doch sie widersprach: »Wieso, dis is die Wahrheet!! Und is schon jar nicht mehr wahr. Und wenn sich alles schön reimt und du singst wieder mit der Gitarre, na, dann denken sowieso alle: Dis is jarkeen Leben, dis is ploß Kunst!«

Ja, Meume hat mir mehr erzählt als allen anderen, aber über eine Sache hat sie bis in ihren Tod eisern geschwiegen. In den wunderbaren Jahren nach dem Krieg, als ich mit meinem Cousin Kallemann wie mit einem Bruder im Stadtteil Langenhorn aufwuchs, in der Fritz-Schumacher-Siedlung, Laukamp 10, da hauste Kallemann oben mit unserer Oma Meume in zwei Kammern unterm Dach. Ich lebte mit meiner Mutter Emma unten in der Wohnküche, dazu mit zwei Zimmerchen. Zu jedem dieser winzigen Arbeiterhäuschen in endloser Reihe gehörte ein handtuchschmaler Gemüsegarten. Noch heute ist zu bewundern, wie der Hamburger Stadtplaner Schumacher das Modell Anfang der zwanziger Jahre konzipiert hat, damit das Proletariat nicht in den dunklen Mietskasernen von Hammerbrook ohne Grün, ohne Sonne, zwischen stinkenden Kanälen und den Fabriken verfault.

Ich hatte mir mein erstes Fahrrad zusammengebaut aus drei kaputten Rädern, die wir in den Trümmern gefunden hatten. Die neuen Schläuche und die Mäntel schenkte mir mein Onkel Kalli. Aber sein Sohn Kallemann, der sollte ein ganz neues Fahrrad kriegen, wenn er schon keine Mutter mehr hatte. Deshalb stand oben bei unserer Oma Meume eine Spardose schon seit einem Jahr auf dem Küchenschrank. Die sah harmlos aus wie eine normale Blechdose für'n Pfund Erbsen. Aber oben im Deckel der Geldschlitz! Und unten das Schloss. Alle Besucher, Familie, Freunde wurden animiert, da ein paar Groschen reinzustecken. Auch Pfennige, manchmal sogar ein Fünfmarkstück oder einen Zehnmarkschein. Die Dose war inzwischen prall gefüllt, eine schwere Geldbombe. Und sie sollte demnächst mit dem Schlüsselchen entschärft werden, damit Kalle sein Fahrrad kriegt.

Jaja, es ist wahr, wir haben manchmal paar Münzen mit einem gebogenen Draht uns rausgefingert, vierzig Pfennige für vier Kugeln Eis. Aber eines schönen Tages war die Dose leer. Auf dem Boden die kleine Klappe aufgeschlossen. Katastrophe! Wer hat das ganze Geld geklaut?

Meine Mutter Emma war auf Arbeit. Oma Meume zu Besuch bei Onkel Schuchardt. Nur unsere Tante Lotte, die Schwester meiner Mutter, war grade mal vorbeigekommen. »Wolf!!«, schimpfte sie, »du!! hast das Geld genommen!!« – »Nein!« – »Doch! Wolf, gib's zu!«, fauchte sie wieder. »Wieso ich?«, wehrte ich mich. »Na, Kalle wird's ja wohl nicht klaun, es ist ja das Geld für sein Rad. Also, Wolf!« Ich beharrte: »Nein!«

Tante Lotte zwang mich zu einem hochnotpeinlichen Spaziergang, den langen Laukamp runter bis zum U-Bahnhof Langenhorn und wieder zurück. Sie versuchte eine pädagogische Gehirnwäsche in allen Tonarten: »Also, mein lieber Wolf …« – »Nein.« – »Wolf, wenn du es zugibst und zurückgibst, Wolf, dann … !!« – »Nein, ich hab das Geld nicht genommen!« Wir beharrten beide. Sie klagte und klagte mich an, sie drohte, sie lockte. Ich widersprach und blieb in Variationen bei meinem Nein. Aber alles half nichts – im Gegenteil!

Als endlich gegen Abend meine Mutter von der Arbeit kam, keifte die Tante: »Emmi, dein Wolf hat …« Meine Mutter nahm mich resolut beiseite, zerrte mich ins Wohnzimmer: »Wolf, also was ist mit Kalles Dose?« Ich sagte ihr klar und kühl: »Ich hab das Geld aus seiner Dose nicht genommen.« Daraufhin ging meine Emma zu ihrer Schwester und sagte: »Wolf hat es nicht genommen. Ich kenne mein Kind. Schluss jetzt! Hör auf!«

Und Oma Meume? Wie reagierte sie? Wem glaubte sie? Sie schwieg. Der Kriminalfall wurde nie aufgeklärt.

Als mein Cousin Kalle, der Zimmermann, ein viel zu kurzes Leben lang später gegen den Krebs ankämpfte, besuchte ich ihn ein letztes Mal in seiner Wohnung. Er wusste genauer als ich, und er sagte es fast heiter: »Das ist der Tod.« Er lag auf dem Sofa in der Küche. Wir sprachen über alte Zeiten, plötzlich fiel mir die Spardose wieder ein. Ich sagte: »Kalle, wenn du mir jetzt einfach wegstirbst, bitte sage mir die Wahrheit: Du hast vor fünfzig Jahren das Geld aus der Dose geklaut, nich wahr? Denn ich war es wirklich nicht. Du hast das Geld geklaut!«

Kalle antwortete trocken: »Quatsch!« – »Ja«, fragte ich, »wer denn sonst?«

»Na«, sagte er mit einem Grinsen, »weißt du das wirklich nicht?? Es war Oma Meume! Sie, die alles für uns hergegeben hat, hat die Dose geplündert! Sie hat das ganze Geld zum Einkaufen verbraucht, für Brot, für Milch, für ’ne Wurst, für irgendein Was-weiß-Ich. Alles für uns. Aber sie, das Waisenkind aus dem Waisenhaus, das zu viel gehungert und gefroren hat in seinem Leben, sie konnte es nicht ertragen, dass zweihundert Mark rausgeschmissen werden für das Fahrrad eines kleinen Jungen!«

Moritat auf Biermann seine Oma Meume in Hamburg

Als meine Oma ein Baby war
Vor achtundachtzig Jahrn
Da ist ihre Mutter im Wochenbett
Mit Schwindsucht zum Himmel gefahrn
Als meine Oma ein Baby war
Ihr Vater war Maschinist
Bis gleich darauf die rechte Hand
Ihm abgerissen ist

Das war an einem Montag früh
Da riss die Hand ihm ab
Er war noch froh, dass die Fabrik
Den Wochenlohn ihm gab
Als meine Oma ein Baby war
Mit ihrem Vater allein

Da fing der Vater das Saufen an
Und ließ das Baby schrein

Dann ging er in die Küche rein
Und auf den Küchenschrank
Da stellte er ganz oben rauf
Die kleine Küchenbank
Und auf die Bank zwei Koffer noch
Und auf den schiefen Turm
Ganz oben rauf aufs Federbett
Das kleine Unglückswurm

Dann ging er mit dem letzten Geld
In Meyers Freudenhaus
Und spülte mit Pfefferminz-Absinth
Sich das Gewissen raus
Und kam zurück im Morgengraun
Besoffen und beschissen
Und stellte fest: »Verflucht, das Wurm
Hat sich nicht totgeschmissen!«

Das Kind lag friedlich da und schlief
Hoch oben auf dem Turm
Da packte er mit seiner Hand
Das kleine Unglückswurm
Nahm es behutsam in den Arm
Und weinte Rotz und Wasser
Und lallte ihm ein Wiegenlied
Vor Glück und Liebe fraß er

Der Oma fast ein Öhrchen ab
Und schwor, nie mehr zu trinken
Und weil er Maschinist gewesen
Schwor er es mit der Linken
Das ist zwei Menschenalter her
Hätt sie sich totgeschmissen
Dann würde ich von alledem
Wahrscheinlich garnix wissen

Die Alte lebt heut immer noch
Und kommst du mal nach Westen
Besuch sie mal und grüß sie schön
Vom Enkel, ihrem besten
Und wenn sie nach mir fragt und weint
Und auf die Mauer flucht
Dann sage ihr: Bevor sie stirbt
Wird sie noch mal besucht

Und während du von mir erzählst
Schmiert sie dir, erster Klasse
Ein Schmalzbrot, dazu Muckefuck
In einer blauen Tasse
Vielleicht hat sie auch Lust, und sie
Erzählt dir paar Geschichten
Und wenn die schön sind, komm zurück
Die musst du mir berichten

Wo is mein Kohlen-Otto bloß jeblieben?

Ostberlin? – Ach watt! det war Westsprache. In unserem offiziellen Parteisprech hieß es: »Berlin, Hauptstadt der Deutschen Demokratischen Republik.« So viel Zeit sollte hinter der Mauer schon sein! Doch die nahm sich natürlich kein normaler Ostmensch, und so nannten wir unseren Teil einfach: Berlin! – und der andere, in den wir nicht reisen durften, det war Westberlin.

Aber wer haust schon in einer ganzen Stadt, egal ob geteilt oder nicht? Ich jedenfalls lebte nur in »Berlin-Mitte«. Und diese Mitte lag, na logo! nicht mittenmang, sondern am tödlichen Rande zur Westgrenze. Das Ende meiner Ostwelt waren die Betonbarrieren Unter den Linden, dreihundert Meter vor der Mauer am Brandenburger Tor.

Doch selbst in seinem Kiez bewohnt der Mensch nur sein kleines Karree. Immer die gleichen Straßen lang, und meine waren Hannoversche, Willempieck, Friedrichstraße, Weidendammer Brücke, Schiffbauerdamm anner Spree zum BE, die Hermann-Matern-Straße runter, die Charité entlang, übern Robert-Koch-Platz zur Invalidenstraße. Scheunenviertel, Prenzlauer Berg, Belforter Straße, Alexanderplatz und Stalinallee, ja – aber weiter raus aus Mitte nich, nich mal bis Ostkreuz. Schon gar nich raus bis Magdalenenstraße. Da war ohnehin das Weltende. Wir wussten dort, kannten aber nicht, die Zentrale der Staatssicherheit. Ein riesiger Häuserkomplex, ganze Straßenzüge.

Jeder Straßenname meines Reviers war mir eine Kiez-Schnulze, ein kesser Gassenhauer, eine Spottballade. Das Lächeln einer Zille-Göre in meinem Hinterhof ist auch ein kleines Berliner Lied. Ein singender Stadtplan, so wie die Chansons von Aristide Bruant vor hundert Jahren in Paris: »Dans la rue, dans la rue«. In meinem persönlichen Verzeichnis erklingen vielleicht nur dreißig Straßen als Couplets, mehr nicht. In diesem überschaubaren Areal allerdings kannte ich jeden Hundestein und jeden Refrain.

In der Nachbarschaft die vertrauten Gestalten. Der Lebensmittel-Konsum gegenüber, ein Bäcker, der Fleischer, die Kneipe. 'ne Menge Menschengesichter, die man kennt und nie kennenlernen wird. Man grüßt einander knapp genug, nickt nett und geht weiter. Manchmal fast 'ne Frage, die keine Antwort will: »Wie geht's?« Aber bloß nie, Mensch, nich quasselig dein Herz auf'n Tisch legen! Ein unerwartetes Augenzwinkern im Vorübergehn ist willkommen und erfreut das Herz dann doch.

Den starken »Kohlen-Otto« mit der Stirnglatze, den kannte ich allerdings genauer und nannte ihn meinen Freund. Ein wahres Kiez-Original. Der sich jeden Tag nach der Arbeit in Schale schmiss. Weit und breit der schickste Kerl in Mitte. Mein Otto lieferte mir regelmäßig die paar Zentner Briketts auf Marken. Und nich bloß runter in' Keller, sondern – das war eigentlich verboten – rauf inne Wohnung, Chausseestraße 131, Aufgang A, zwei Treppen. Ich zahlte ihm die zwanzig Pfennige pro Zentner extra fürs Hochbringen und Einstapeln, Geschäft ist Geschäft.

Aber manchmal an irgendeinem x-beliebigen Sonntag, wenn er grad Laune hatte, kam Otto bei mir vorbei. Und dann nicht schwarz eingekohlt und verschmiert, sondern frisch rasiert und in Kledage wie 'n Freier zur Hochzeitsfeier. Seine paar Resthaare vorne mit Pomade beherzt nach hinten über die Stirnglatze zum Nackenpelz gekämmt. Blume im Knopfloch. Weißes Hemd, duftend nach irgendeinem stark riechenden Rasierwasser, welches er für unabdingbar elegant hielt. Und in der Linken ein Bund Schnittblumen. Die waren in der DDR chronisch Mangelware, es gab im ganzen Jahr zu wenig und oft überhaupt keine frisch geschnittenen Blumen zu kaufen. Darüber ärgerte sich mancher und stöhnte: »Das sind die vier Hauptschwierigkeiten beim Aufbau des Sozialismus: Frühling, Sommer, Herbst und Winter!« Wie es meinem Kohlen-Otto gelang, an seinen Blumenstrauß zu kommen – ich weiß es nicht. Vielleicht zweigte er einer Gärtnerin paar Zentner Kohlen ab. So Mangelware für Tauschgeschäfte war in der DDR mindestens so wichtig wie Geld.

Kohlen-Otto und ich hatten einen Ritus: Er brachte immer vier Flaschen tschechisches Budweiser mit. Die ergatterte er – auch das war sein Privileg – von der alten Wirtin im »116« anner Ecke Friedrichstraße/Willempieck gegenüber meiner Wohnung. Er knackte die Kronkorken mit den Zähnen auf, das schüttelte mich. Und bestellte bei seinem Freund Biermann ein Lied, das freute mich. Nach dem Lied die zweite Flasche und ein zweites Lied. Dann war für Kohlen-Otto aber auch schon genug. Sein Applaus ohne Klatschen: »Mensch, Biermann! Stark, echt stark!«

Zum Abschied begleitete ich ihn durch den dunklen Flur zur Wohnungstür, schaute ihm durch die kleine Spiegelglas-Fensterklappe hinterher und sah, wie leichtfüßig er die Treppe runtertrappelte. Ich wusste: Nun wird er seine vertraute Runde drehen, zwischen Oranienburger, Linienstraße, Tucholsky, Rosenthaler Platz, Invalidenstraße. Und diese formidable Tour drehte er immer so: Kohlen-Otto suchte seine Start-Kneipe auf. Beim Eintreten fixierte er mit geübtem Blick die Gäste, peilte die Lage. Dann übergab er mit großer Geste und vielversprechendem Lächeln irgendeiner Dame seiner Wahl den mitgebrachten Blumenstrauß. Und rief laut: »Eine Runde Freibier für alle!«, setzte sich, ohne zu fragen, zu der auserlesenen Frau und begann mit ihr charmant – uff ballinarisch, vasteht sich – zu plaudern. Doch die Schäkerei sollte nicht lange andauern. War das Bier ausgetrunken, entwand der Rastlose mit sicherem Griff mehr oder weniger galant der Dame ihren Blumenstrauß und verabschiedete sich mit einem schroffen »Ick muss dann ma weita!«. Er war schneller aus der Kneipe raus, als die bedripste Frau es begreifen konnte. Und suchte die nächste Kaschemme auf. Hier begann das drollige Spiel von vorn: Zur Tür herein, Lage peilen, Dame, Blumenstrauß, »Bier für alle!«, »Ick muss dann ma weita!« – und raus. Nach der fünften oder sechsten Destille bestellte Kohlen-Otto zusätzlich noch »eine Lage Korn für alle!« – dann schwankte er mitsamt dem Blumenstrauß in der Hand, der inzwischen einem zerfledderten Strunken glich, nach Haus. In der Küche haute er ein bulliges Nackensteak in die Pfanne, legte sich ins Bett und war am nächsten Tag – das war klar – der Erste in aller Herrgottsfrühe und frisch auf dem Kohlenplatz.

Paar Monate sind schnell vorbei. Im ersten Jahr fiel es mir nicht auf. Als ich ihm nach ungefähr drei Jahren vor Brechts Hugenottenfriedhof, paar Meter weg von meiner Wohnung, übern Weg lief, dämmerte mir, dass wir uns eine Ewigkeit nicht gesehn hatten.

Otto trug, wie man ihn kannte, seine Kohlen aus. Er ruckelte sich grade einen Kohlenkasten vom Wagen runter. Keine Säcke, sondern diese typisch berlinischen Brikettkästen. Immer genau eineinhalb Zentner Briketts sind da reingestapelt. Der Kasten selbst wiegt genau siebenundzwanzig Pfund, also die schmalen Holz-Zargen und die blanke Eisenblechplatte mit dem Loch, in das der Kohlenträger mit dem Stahlhaken den speckigen, dreckigen Gurt verankert, den er sich dann straff um den Ellenbogen legt. Ich sagte verdattert: »Mensch, Otto, DU???!!!« Er schob die flache Kiste wieder zurück auf die Ladefläche, zündete sich 'ne Zigarette an und lachte: »Ja, Biermännchen, det bin icke!«

»Määänsch Otto!«, so berlinerte ich, »wo warste bloß? Ich hab et jarnich so richtig gemerkt, det de nich mehr da bis!« – »Ooch …«, sagte Kohlen-Otto und zog tief den Rauch ein, hielt ihn lange in der Lunge, blies ihn langsam wieder aus und grinste. Sein Gesicht kam mir zerknittert vor. Keine Haarsträhne mehr über der Stirnglatze. Und als er lachte, sah ich, dass ihm vorne auch paar Zähne fehlten.

»Menschenskind, wo bist du so lange gewesen? Was hast du gemacht die lange Zeit?«, fragte ich noch mal. Kohlen-Otto stippte die Asche von der Kippe und sagte: »Ick war weg. Ick war … woanders …« Er grinste mich mit fast schelmischem Blick und stumm eine Weile an, hob langsam die Hände und hielt sich die gespreizten Finger seiner Kohlenträgerpranken, wie ein Gitter gekreuzt, vor die Augen. »Zweieinhalb Jahre!«, hustete er. »Verstehe!«, antwortete ich und verstand gar nichts. »Und wo? Und warum, Mensch, Otto?!!« Er wimmelte mich ab: »Nix als 'ne Dummheit …« Aber dann schob dieser Herkules unter den Kohlenträgern doch den vollen Brikettkasten so zurück an die anderen Kästen, dass er ihn nicht dauernd in der Balance halten musste. Und erzählte mir seine unerhörte Geschichte.

Es war Volkskammersitzung an jenem Tag. Damals gab es den »Palazzo di Protzo« auf dem Marx-Engels-Platz noch nicht, die Volkskammer im großen Palast der Republik. Es tagte an diesem Unglückstag das Attrappen-Parlament der DDR bei mir umme Ecke. Ein Provisorium in der Luisenstraße, direkt gegenüber der Charité. In dem umfunktionierten, altehrwürdigen Hörsaal für Medizinvorlesungen.

Die führenden Genossen unter den Abgeordneten der SED, der Blockparteien und des DDR-Kulturbundes wurden zu der Sitzung kutschiert. Die Protokollstrecke war festgelegt. Auf der Kreuzung Reinhardtstraße/Luisen stand an diesem Tage ein Verkehrspolizist. Kein Mensch weit und breit, kein Auto. Da gab's gar keinen Verkehr zu regeln.

Der Polizist war natürlich kein normaler Verkehrspolizist, das versteht sich. Er war ein für diesen Tag abkommandierter Kämpfer von der unsichtbaren Front in Polizeiuniform. Ein Genosse von der Stasi.

Immer wenn dieser falsche Verkehrs-Vopo von der Friedrichstraße her eine Bonzenschleuder aufblitzen sah, riss er seinen schwarz-weißen Verkehrspolizistenknüppel mit der linken Hand hoch. So stoppte er den Verkehr aus allen Richtungen, den es an dieser toten Ecke gar nicht gab. Und wenn die Tschaika-Limousine mit einem Affenzahn vor seinen Füßen in die Rechtskurve ging, riss der Uniformierte die rechte Hand an die Mütze zur militärischen Ehrenbezeugung. Danach ließ er beide Arme sinken und wartete routiniert auf den nächsten Volkskammerabgeordneten, der im Fond der Staatskarosse an ihm vorbei zur Sitzung flitzte. Ratsch Ratsch Ratsch! So waren sie alle zur Sitzung gerauscht, und nun, am späten Abend, fuhren sie, der ganze Film rückwärts, wieder ab.

Kohlen-Otto hatte sich nach der Arbeit mal wieder als flotter Freier in Schale geschmissen. Paar harte Schnäpse intus. An Brechts legendärer Probenbühne vorbei tappte er Richtung Luisenstraße. In der Faust schwenkte der Schwankende die welken Reste seines Blumenstraußes. So geriet er zu dieser abgelegenen Kreuzung. Wohlgemerkt: kein Mensch, kein Köter in der Nähe! Ein Liebespaar in gehöriger Entfernung.

Bisschen übermütig und schnapsbeseelt, wie Otto nun mal war, war er mitten auf die Kreuzung getorkelt. Er stellte sich stramm neben den Polizisten, wie ein Verkehrspolizist Nummer zwei. Und als die nächste Tschaika-Limousine in der Kurve an ihnen vorbeiquietschte, riss auch Otto seinen rechten Arm hoch. Doch er salutierte nicht mit der Hand an der Stirnglatze, sondern streckte den Arm stramm geradeaus und lallte »Heil Hitler!«.

Der falsche Vopo blaffte ihn an. Er scheuchte ihn weg. Aber Otto wich nicht von der Stelle. Als die nächste Bonzenschleuder mit einem Volkskammerabgeordneten hinter der Gardine vorbeiratschte, riss Otto abermals den Arm hoch und labberte sein »Heil Hitler!«. Das war ungesund.

Nehmen wir an, der falsche Polizist war gar kein scharfer Hund. Nehmen wir an, er hätte den angesoffenen Kerl am liebsten laufen lassen. Möglich. Aber wie sollte der Genosse in Uniform sich sicher sein, dass der Heil-Hitler-Idiot echt angetrunken ist oder aber ein stocknüchterner Agent provocateur des MfS, der die jungen Genossen im Dienst mal auf ideologische Zuverlässigkeit prüfen sollte? Ich nehme zugunsten des Stasimannes an, es war Notwehr: Otto wurde verhaftet. Er landete in der U-Haft Hohenschönhausen. Er wurde verhört, wurde natürlich angeklagt. Und weil es ein politischer Prozess war, das versteht sich, ohne Öffentlichkeit. Er wurde verurteilt nach dem gefürchteten Gummiparagrafen 106 »Staatsfeindliche Hetze« zu zwei Jahren und sechs Monaten. Der Straftatbestand: »faschistische Propaganda«.

Ich sagte: »Mensch, Otto, das haut doch nich

hin! Da war kein DDR-Bürger dabei, kein Sonstwas-Mensch, der dein besoffenes ›Heil Hitlerchen‹ überhaupt hätte hören können. Und vor allem war das ja gar keine faschistische Propaganda, sondern im Gegenteil, eine antifaschistische Hetze, eine antistalinistische Hetze …, also jedenfalls eine böse Kritik an den Parteibonzen, die da versteckt hinter Gardinen nach Hause gekarrt wurden.«

»Det weeß ick selber«, sagte Otto, »det weeß doch jedet Kind, det musste mir nich vaklickern. Die wollten et so hindrehn. Die hatten ja grade deswegen so 'ne Stinkwut uff mir!«

»Verstehe«, sagte ich. »Und wo haste die Jahre abgesessen? In Bautzen? In Cottbus? In Brandenburg?«

»Ick hab nich jesessn, ick hab jeschuftet«, sagte Otto. »Ick war in' Steinbruch. Erst Erzjebirge, denn Rüdersdorf.«

»Steinbruch?! Und dann auch noch im Kalk, in diesem verfluchten Rüdersdorf? Armer Otto, das war bestimmt die Hölle!«, klagte ich.

»Ach wat!«, sagte Otto und zog nun den Kohlenkasten zu sich ran, schob seine Schulter unter die 177 Pfund und wickelte sich mit geübtem Griff den Gurt um den Unterarm. »Ick muss voranmachen!«, schnaufte er. Und bevor er loslief, lachte er mich aus: »Det war nich schlimm, nich for mir. Weeste, Biermann, arbeetn … musste überall!«

Kohlen-Otto

Der Kohlen-Otto, wenn ich an ihn denke
Dann leuchtet seine Glatze auffer Stirn
Ich seh drei Haare, die er lässig kämmte
Über sein Kohlenträger-Kraftgehirn
Er stapelte fürn Trinkgeld alten Weibern
Im Morgenrock den jungen lieber noch
Briketts auf den Balkon, nicht nur in Keller
Er trug fürn Lächeln auch sechs Treppen hoch

Det war der schnieke Kohlen-Otto
een Kerl mit jrundsolidn Flattersinn
een Kumpel uffn Kiez, een ausjebuffter Schatz
un früh der erste immer uffn Kohlenplatz
– Mensch Otto, wo sin deine Haare hin

Sofort nach Arbeit warf er sich in Schale
Sah aus wie 'n Graf Koks vonner Gasanstalt
Kavalierstuch im Jackett, ein flotter Freier
Strauß Blümchen inner Faust, wie frisch verknallt
In mancher Kneipe war er bester Kunde
Und schmiss 'ne Lage, schenkte seinen Strauß
Galant 'ner Dame und gab noch 'ne Runde
Vor Kraft konnt er nicht stehn, drum ging er raus

Det war der schnieke Kohlen-Otto …

Ging raus, nicht ohne vorher zu entwinden
Der Dame sein Gemüse – Sag, wieso
Konnt Otto die es nie gab: Blumen finden
Im Sozialismus – tja, der wusste: Wo!
Und im »Johanniseck« hat sich dann Otto
Noch drei, vier Schnäpse ins Gehirn gestaut
Und schenkte seinen frischen Strauß von vorher
Irgend 'ner andern sehnsuchtswelken Braut

Det war der schnieke Kohlen-Otto …

So zog er von Destille zu Destille
Die »Bärenschenke« war sein Schlussquartier
Er torkelte wie hingemalt von Zille
Zur Linienstraße als ein wundes Tier
Mal sah ich ihn auf allen vieren kriechen
Noch in der Faust hielt er die Strunken fest
Von bösen Blumen, die nach Sterben riechen
Von Kotze und von Regen sanft durchnässt

Det war der schnieke Kohlen-Otto …

Um manche Mitternacht kam er nach Hause
Briet sich ein Schnitzel, das er fröhlich fraß
Das war sein Hochgenuss nach so 'ner Sause
Der Kerl war lebenshungrig, doch vergaß
Er dieses Mal, das Gas auch anzuzünden
Rechtschaffen müde schlief er selig ein
Die Gründe wollte keiner groß ergründen
Und keiner fragte nach dem Totenschein

Det war der schnieke Kohlen-Otto …

Er wachte auf im Kohlenträgerhimmel
Als schwarzer Engel kann er runtersehn
Aufs Brandenburger Tor ins Volksgewimmel
Der Jubel, als die Mauer fiel, war schön
Und manchmal steigt er leis herab nach »Mitte«
Und schleppt paar Zentner hoch fürn altet Weib
Am liebsten aber für 'ne dufte Titte
Im Paradies is dis sein Zeitvertreib

Det war der schnieke Kohlen-Otto
een Kerl mit jrundsolidn Flattersinn
een Kumpel uffn Kiez, een ausjebuffter Schatz
un früh der erste immer uffn Kohlenplatz
Mensch Otto, wo sin deine Haare hin

Raubtiere in der Manege

Mein Sohn Manuel. Kurz vor seinem neunten Geburtstag zottelte er mich an einem sonnigen Samstag im Sommer, Mitte der sechziger Jahre, in den Volkspark Friedrichshain zum alljährlichen Pressefest des SED-Zentralorgans *Neues Deutschland*. Vom Märchenbrunnen gingen wir zielsicher zu einer Wiese am Fuße des Trümmerbergs aus dem Weltkrieg »Mont Klamott«. Dort lockte uns ein Plakat: SIMULTAN- UND GROSS-SCHACH-WETTKAMPF – »WER IST DER STÄRKSTE?«. Gleich nebenan noch anderer Sport im Angebot, ein Boxring im Grünen, aufgebaut für Schaukämpfe. Stück weiter ein großes ND-PREISSCHIESSEN.

Das große Schachspektakel war schon im Gange. Die Attraktion: Ein sowjetischer Großmeister spielte simultan gegen beliebige Besucher des Pressefestes. An die dreißig Tischchen standen da auf dem Rasen, aufgestellt in Form eines L – also vielleicht zwanzig an der langen, zehn an der kurzen Seite des großen Buchstabens. Vor jedem der Schachbretter entsprechend Stühle. Auf der Innenseite schritt der Schachmeister aus Moskau die Front seiner Herausforderer ab. Er blieb vor jedem Kontrahenten kurz stehn, machte lässig seinen Gegenzug. Dann zwei Schrittchen weiter. Wieder warf er einen Blick aufs Brett, setzte seine schwarze Figur und ging weiter zum Nächsten. So absolvierte dieser sowjetische Schachcomputer seine eckigen Runden auf der grünen Wiese.

Vor den Brettern saßen so Berliner. Allerhand Laienspieler, jüngere, mehr alte Männer, kaum Frauen. Alle wollten sich an der Koryphäe messen. Dabei war klar, weder Dilettanten noch Könner hatten bei dem eine Chance. Hinter jedem der Spieler drängelten sich Kiebitze. Manche beobachteten grinsend die Züge des Großmeisters, so, als wären sie selbst am Gewinnen. Dass die Gegner verloren, wirkte wie ein sportlicher Beweis für die Propaganda-Losung der Partei: Von der Sowjetunion lernen, heißt siegen lernen!

Manu und ich drängelten uns dichter ran. Tja, und dann passierte das Unglück. Ein Spieler, direkt vor uns, gab auf und räumte das Schlachtfeld. Sein Stuhl war frei. Und mein kleiner Manu schubste mich: »Los, Papa!«

Ich hatte ganz und gar keine Lust, mich diesem Riesenraubtier als Schach-Kaninchen zum Fraße hinzuwerfen. Aber dann fiel mir ein: Mein armer Sohn hatte so oft ertragen müssen, dass ich gegen ihn im Schach gewinne. Pädagogisch vielleicht meine Dummheit. Aber ich hatte ihn nicht demütigen wollen, indem ich mein Kind von oben herab gewinnen lasse. Jetzt durfte ich nicht kneifen. Meine Niederlage wäre womöglich ein Gewinn. Manu sollte mit eigenen Augen sehn, dass sein übermächtiger Vater auch ein Verlierer ist. Also setzte ich mich vors Brett.

Gespannt waren wir beide. Manu schmiegte sich an meine Schulter. Ich machte mit Weiß den üblichen Eröffnungszug: Bauer C2-C4. Der Meister setzte gelangweilt seinen Bauern dagegen und ging zum Nebenbrett. Bei den folgenden Zügen beide Pferde raus, dann Läufer F1-B5, das übliche Spiel, die Sizilianische Eröffnung. Immerhin, Zeit zum Nachdenken war genug. Der Simultanmeister verbrauchte für seine volle Runde vielleicht dreißig mal zehn Sekunden, also lange fünf Minuten. So hatte ich Gelegenheit, sein Gesicht zu betrachten, seine Hand, seine Körpersprache. Und ich sah, wie er spielte: Der war genervt. Der hatte keine Lust. Im Grunde war er wahrscheinlich beleidigt, dass er als sowjetisches Zirkuspferd rumreiten und als Politclown in der Manege mit irgendwelchen Idioten Laienschach spielen musste. Er stand vor dem Brett wie vor vierundsechzig Feldern voll Hundescheiße. Vielleicht hatte er auch Bauchschmerzen, womöglich Liebeskummer – wer weiß, einen schweren Kopf von einer Wodkanacht mit seinem sowjetischen Botschafter Unter den Linden. Jedenfalls zog der Champion ein schiefes Maul, als müsse er eine Strafarbeit machen. Und das war seine Manier: Noch während er die Figur runter aufs Brett platzierte, drehte er seine Augen schon wie angewidert nach links weg und ging zum nächsten Tisch.

Eine Geste der Verachtung. Ich dachte: Du blöder Angeber! Ich weiß selber, dass du besser spielst als wir alle hier! Der Kerl ärgerte mich. Ich kam auf höhere Temperatur. Und dachte: Bloß keine Panik! Is doch klaro, dass ich überhaupt keine Chance habe, gegen diesen Großkotz anzukommen. Aber ich will so gut spielen, wie ich nur irgend kann. Und nicht irgendeinen Flüchtigkeitsfehler machen in der Aufregung! Mein Herz war beleidigt, und mein Ehrgeiz kochte hoch. Ich war aufgeregt, aber ich hielt die Eröffnung ganz gut durch.

Hinter mir, in diesem ungleichen Duell, stand der kleine Manuel, wie mein Sekundant. Er gaffte mit brennenden Augen. Das Schach-Genie kam wieder vor mein Brett, tat seinen Zug und zog gelangweilt weiter. Und da erkannte ich plötzlich mein Glück, welches im pädagogischen Sinne vielleicht auch mein Unglück war. Der Virtuose hatte, genervt, wie er war, einen falschen Zug gesetzt! Er hatte vergessen, seinen Turm zu schützen. Nun glühten auch meine Augen, und Manuel strahlte. Wir feixten. Sicher, dem Schach-Monster war ein Flüchtigkeitsfehler unterlaufen. Oder war das vielleicht eine Falle?

Natürlich hätte der Großmeister mich auch noch lässig ohne zwei Türme geschlagen, aber das, wie sich herausstellte, schien er nicht zu wissen. Wahrscheinlich nahm er an, dass ich ein Mittelklasse-Schachspieler bin und er es schwer haben würde, ohne Turm gegen mich zu gewinnen. Er konnte ja nicht ahnen, wie schlecht ich in Wirklichkeit spiele! Als er die Runde rum wieder zu uns kam, haute ich ihm den Turm weg. Er starrte irritiert auf das Brett. Klar, ihm war ein banaler Missgriff passiert. Manuel grinste triumphierend, ich mimte ein Pokerface. Der Großmeister warf uns einen verbissenen Blick zu, dann stieß er mit einer Handbewegung seinen König um. Und das hieß: Ich gebe auf. Der Nächste bitte!

Mein Kind klatschte begeistert in die Hände. Ich atmete auf. Doch dann schoss mir durch den Kopf: Was für'n Schaden! Der arme Junge muss jetzt die Illusion haben, dass sein Papa sogar den sowjetischen Großmeister geschlagen hat. Alles falsch! »Ein Schwein kann ein schnelles Schwein werden, aber nie ein Windhund«, sagt ein russisches Sprichwort. Schnell stand ich auf und war froh, dass ich aus diesem Versuchslabor raus war. Mit schmalem Arsch und vergnügtem Herzen machten wir uns davon. Wir feierten meinen falschen Sieg an einer Bratwurstbude. Dazu ein Radeberger Bier und eine Vita-Cola.

Es ist wahr: Manuel, mein erster Sohn, war nicht mein Samen. Wohl aber mein Seelenstolz. Als seine Mutter, die Pantomimin Brigitte Soubeyran, im

Stück »Der Frieden« von Aristophanes am Deutschen Theater unter dem genialen Brecht-Regisseur Benno Besson die Friedensgöttin gab – die Hauptrolle ohne Text –, spielte unser kleiner Manu das ganze Stück, mit allen Rollen und mit allen Liedern, uns zu Haus ganz alleine vor.

Bisschen später verschlang der Junge nur noch Zirkusbücher. Genauer, alles über Raubtierdressur. Noch genauer: Ihn faszinierten Geschichten über Dompteure in Europa und in den USA. Und noch genauer: nur solche, die mit gemischten Raubtiergruppen arbeiteten. Er kannte bald die berühmten Namen und Dressurnummern. Mit zehn Jahren fing er an, seinen ersten Roman zu schreiben. Er schenkte mir zum Geburtstag die gebündelten DIN-A5-Blätter. Alles in gekrakelter Schönschrift, illustriert mit Buntstiftzeichnungen und eingeklebten Fotos. Der Titel seines Frühwerkes: »Manuel Soubeyrand. Meine Lebenserinnerungen als ehemaliger Zirkus-Dompteur einer gemischten Raubtiergruppe«.

Manu wusste 'ne Menge über Löwen, Tiger, Bären, Hunde, Robben und Schweine in der Manege. Von ihm lernte ich, dass es die hohe Kunst ist, wenn nicht nur die großen Raubkatzen vorgeführt werden, sondern zugleich ein Esel oder eine Ziege. »Löwen oder Tiger allein ist leicht, das kann jeder!« Als erfahrener Zirkusmann erklärte er mir, wie dumm so ein Bär ist, wie schlau dagegen das Schwein und wie hinterlistig in der Manege die Tiger sind, weil sie vom

Plateau im Raubtierkäfig dem Dompteur in den Rücken springen. Und wie schwerfällig im Grunde so Löwen. Es war herzerwärmend, wie begeistert Manu von den Viechern und Wildkatzen war, denn zugleich hatte mein kleiner Dompteur eine Todesangst davor, die magere Katze der Kinder im Hinterhof zu streicheln. Das mochte damit zusammenhängen, dass der große Junge schon als Kleiner eine sogenannte Schielebrille hatte tragen müssen. Er sah nur auf einem Auge richtig, konnte schlecht dreidimensional sehen und war deshalb vorsichtig. Manu war überhaupt ein eher zögerliches Menschlein. Wer weiß, vielleicht ein Grund dafür, dass seine Fantasie so furchtlos blühte. In der Nähe mancher Schwächen wachsen eben auch außergewöhnliche Kräfte.

Als Manuel zwölf Jahre war, lockte er mich nach Treptow in den Plänterwald. Der Knabe wusste genau, warum. Dort, direkt hinter dem Sowjetischen Ehrenmal, war am Ufer der Spree zum 20. Jahrestag der DDR im Oktober 1969 der »Kulturpark Plänterwald« als zentrales Volksfestparadies feierlich eröffnet worden. Diverse Karussells und glitzernde Schaukeln, ein Autoscooter, ein riesiges Riesenrad. Und nun, im Dezember, noch allerhand Weihnachtsmarktbuden extra: Schmalzkuchen, Broiler und Bratwürste. Mein Manu interessierte sich nicht für die Fresserchen, nicht für die Geisterbahn, schon gar nicht für Kunstgedrechseltes aus dem Erzgebirge, die traditionellen Holzfigürchen auf der Weihnachtspyramide und die sozialistischen Weihnachtsengelchen, die nun unter »Jahresendzeit-Flügelfigur« liefen.

Die Attraktion auf diesem Weihnachtsrummel war ein großes Zirkuszelt. Darin war rund um die Manege eine hölzerne Steilwand gebaut, drei bis vier Meter hoch, eine Art offene Tonne. Die Zuschauer standen am oberen Rand dieser Tonne auf einem Podest rundherum und guckten runter in die Manege. Dabei trennte ein Gitter, das vom Tonnenrand über die Manege gespannt war, die Zuschauer von den Artisten. Wir kauften die Billetts und stiegen die Treppen hoch zu den Stehplätzen in der Rundloge. Und warteten auf den Vorstellungsbeginn. Manuels Dompteurherz zappelte.

Ein würdiger, weißhaariger Zirkusdirektor in bunter Kledage begrüßte das Publikum. Er rollte ein fremdländisches »rrrrr« in sein Mikrofon. Dabei führte er aus einem Seitengang einen Löwen in die Manege. Und alles ohne schützenden Käfig! Ein echter, ein großer sogar! Mit mächtiger Mähne. Das Raubtier benahm sich aber wie der Löwe im Paradies, der nur Gras frisst. Der Alte dirigierte ihn mit einem kleinen Klaps auf einen Sockel im Zentrum. Dort oben, in Schulterhöhe vielleicht, saß nun der vermenschlichte König der Tiere. Manu flüsterte mir ins Ohr: »Ein Massai-Löwe aus Afrika. Besonders gefährliche Art. Und der Dompteur, das stand in der Zeitung, der kommt aus Ungarn.«

Der Mann erzählte in knappen Worten die Lebensgeschichte seiner Raubkatze, mit der er schon über viele Jahren arbeite. Und er kündigte seine jungen Motorradfahrer an. Er bat die Artisten mit ihren Maschinen in die Manege und stellte jeden einzeln vor. Der ein oder andere turnte dabei ein Kunststückchen auf dem Sattel. Nun gab der Alte das Kommando. Die Jungs traten mit dem Kickstarter ihre Zweitaktmotoren an. Die heulten auf, das Geknatter war ohrenbetäubend. Die Auspuffgase stiegen uns in die Nase.

Der Dompteur blieb neben dem Löwen stehen. Er schwang zu dem Höllenlärm eine lange Peitsche durch die Luft wie ein Dirigent. Die Motorräder rasten immer schneller und immer höher die Steilwand hoch. Erst einer allein, dann zwei und drei. Am Ende alle vier gleichzeitig, und zwar gegeneinander, halsbrecherisch dicht aneinander vorbei. Ich schrie Manu zu: »Das ist kein Kunststück! Alles simple Physik! Das ist die Zentrifugalkraft!« Die Leute gafften, wie da die Meute im Kreis raste. Natürlich hoffte mancher, dass auch mal so ein Raser runterfällt oder es wenigstens zu einem kleinen Crash kommt.

Nach vielleicht einer guten Viertelstunde war dieser Teil der Show zu Ende. Die Motorradhelden zogen wieder ab. Keiner hatte sich zu Tode gestürzt. Der Löwe hockte auf seinem Sockel. Und nun präsentierte der Alte eine Extra-Attraktion. Er sagte: »Vereeehrtes Publikum! Ich bitte um Ihrre Aufmerrrrksamkeit! Ich lade herrrrzlich einen Kandidaten ein, hierrr in die Manege herrrunter. Werrr darrf zu mirrr kommen? Mein Löwe wirrd an der Hand lecken, aberrr nicht beißen! Werrr trraut sich, meine Damen und Herrrren? Es dürrrfen auch gerrrne Kinder! Ich garrrrantierrre, es passierrrrt nichts!«

Es meldeten sich wenige Zuschauer, immerhin auch zwei Kinder. Natürlich suchte der Kerl sich ein zartes junges Mädchen aus. Die war vielleicht dreizehn. Er bat sie die Treppen runter in die Manege. Galant empfing der Dompteur seine Auserwählte. Das Mädchen hatte noch keinen Busen, aber lecker blonde lange Haare, ein ideales Fresserchen also für den Löwen. Der Alte fasste ihre Hand und führte sie zum Thron des Königs. Sie durfte der Raubkatze die Tatze kraulen. Sodann eine Steigerung: Er drückte ihr eine kurze Peitsche in die Hand, mit der sie nach dem Löwen schlagen sollte. Der Löwe war abgeklärt: Er machte endlich ein Brüllerchen und schüttelte die zottelige Mähne. Und nun der Höhepunkt: Der Alte griff sich ihren Unterarm und hielt das Händchen der Schönen dem Biest vors Maul. Das leckte dem Menschenkind mit seiner langen Zunge den Handrücken. Wir hielten den Atem an. Und atmeten wieder auf. Der Dompteur komplimentierte seine Einmal-Partnerin routiniert aus der Manege. Der Alte verbeugte sich vor seiner Kundschaft, wir klatschten Beifall. Das war das Finale der Show in der Tonne. Manu war begeistert, und auch ich hatte genug.

Auf der Rückfahrt in der S-Bahn sagte Manuel: »Papa, ich will auch, dass der Löwe mich mal leckt.« Ich staunte und schluckte, war verblüfft von diesem unerwarteten Mut-Anfall.

Gleich am nächsten Tag fuhren wir wieder raus nach Treptow. Manu war fest entschlossen, sich zu melden, wenn der Dompteur seinem Löwen wieder einen Zuschauer zum Fraß servieren wollte. Dabei hoffte Manu wohl beides, dass er drangenommen wird und dass er lieber nicht genommen wird.

Ich kaufte die Billetts, wir kletterten wieder nach oben. Alles wie gestern: erst der Löwe, dann die Motorradartisten. Am Ende die Einladung zu dem Extra-Empfang in der Manege. Manu meldete sich tapfer-zögerlich. Der Dompteur blickte sich um – aber er wählte leider wieder ein hübsches Mädchen. Es war klar, so Zuschauer finden es attraktiver, wenn eine Jungfrau gefressen wird. Manu war enttäuscht und zugleich erleichtert. Aber er beharrte umso fester, er wollte es noch mal wagen.

Also warteten wir neben dem Zirkuszelt, bis der Dompteur herauskam. Feierabend! Ich sprach ihn an: »Guten Abend, Herr … Ich hab eine Frage, lieber Herr …« Er sagte: »Ich heiße Janosh Farkas.« – »Verehrter Herr Farkas, das ist mein Sohn Manuel. Er hat schon einen ganzen Roman geschrieben über seine Karriere als internationaler Dompteur für gemischte Raubtiergruppen. Er ist, sozusagen, ein junger Kollege von Ihnen.« Der Alte lächelte. »Es ist der Wunsch meines Sohnes, dass er am Ende Ihrer Show auch mal zu dem gefährlichen Löwen darf. Könnten Sie das einrichten?« Der Alte parlierte k. u. k.-österreich-ungarisch: »Habe die Ehre. Gerne zu Diensten!« Wir verabredeten, am nächsten Tag noch einmal in seine Vorstellung zu kommen.

Am folgenden Morgen kaufte ich im Intershop unten im Bahnhof Friedrichstraße eine Flasche Courvoisier-Cognac. So pilgerten wir mit dieser kostbaren Westware zum dritten Mal raus nach Treptow. Nun war es schon Routine: Billett kaufen, hochklettern, einen guten Platz ergattern. Die Show begann mit dem Löwen, dann die Knattermaschinen, die Akrobatik an der Steilwand. Und endlich forderte der Dompteur einen Kandidaten auf, zu ihm runter in die Manege zu kommen. Manuel meldete sich nun schon entschlossener. Aber – merde alors! – dieser Janosh Farkas suchte sich lieber wieder ein süßes Mädchen aus. Enttäuscht gingen wir nach der Vorstellung direkt zu dem Alten. Ich überreichte ihm die Flasche, dabei brachte ich meine Reklamation vor: »Sie hatten uns doch versprochen, dass mein Sohn heute drankommt … Wir kommen morgen wieder und bringen Ihnen noch eine Flasche mit.« Der Alte nahm den französischen Cognac, als wär's deutsches Leitungswasser, und ließ uns einfach stehn.

Am nächsten Tag fuhren Manu und ich zum vierten Mal raus. Ich mit einer zweiten Flasche aus dem Intershop. Na ja … wieder am Anfang der Löwe. Und wieder die stinkenden Motorradartisten. Schon kein Kitzel mehr. Als der Dompteur am Ende der Show seine galante Einladung zum Löwen ausgesprochen hatte, winkte Manuel wild über die Balustrade nach unten. Und nicht zu fassen, aber wahr! Der Betrüger wählte wieder ein Mädchen aus. Da war ich sauer.

Wieder passten wir den Alten nach der Vorstellung ab. Ich war angefressen, und so redete ich ihn auch an: »Das finde ich unfair, Herr Farkas. Nicht wegen dem Courvoisier. Aber das tapfere Herz meines Sohnes tut mir leid. Es kostet ihn unglaubliche Überwindung, er hat Angst, eine Katze zu streicheln. Er muss ankämpfen gegen seine Furcht mit dieser Raubkatzen-Nummer.« Der Alte schien zu begreifen. Und es tat ihm wohl leid: »Pardon, Monsieur, parrrrdon. Hab ich verrrgessen. Morgen, morgen!« Er steckte die zweite Cognacflasche ein und verzog sich in seinen Wohnwagen, gleich neben der Todestonne mit der Steilwand.

So trabten wir am nächsten Tag wieder an. Es war der fünfte Besuch. Eines war klar: Uns selbst hatte der Dompteur schon wie zwei Menschentiere dressiert. In der Intershop-Plastiktüte schleppte ich die dritte Flasche Courvoisier in den Plänterwald. Aber dieses Mal hatte sich die Investition gelohnt. Herr Farkas rief zum Ende der Vorstellung meinen Manu zu sich runter. Eine manipulierte Wahl durch Korruption mit Schnaps. Er führte den Knaben zur Löwenfütterung. Auch Manu durfte nun die mächtige Tatze streicheln. Dann auch die Nummer mit der Peitsche. Und danach hielt der Dompteur die Hand seines jungen Kollegen vor den Rachen der Bestie. Der Löwe leckte brav wie immer.

Doch dann kam eine tollkühne Zugabe. Statt Manu aus der Manege zu geleiten, führte der Herr Dompteur den Jungen um das Podest rum, direkt hinter den Löwen. Ein Holztreppchen stand bereit. Er schob meinen Kleinen die zwei Stufen rauf auf das Niveau des Podestes. Dann bugsierte er Manu weiter hoch und setzte ihn, halb hängend, auf den unteren Rücken des Raubtiers. Manuel klammerte sich mit beiden Armen an das Fell. Der Löwe schüttelte sein Haupt und brüllte, rührte sich aber nicht. Von nun ab, dachte ich, könnte der Kleine mit einer halben Lüge die Wahrheit behaupten: Ich habe einen Löwen geritten!

Manu hatte es geschafft. Mit roten Ohren kam er zurück und umarmte überglücklich seinen stolzen Vater. Er berichtete, wie die Löwenzunge ihm wehgetan hatte. Wieso das? »Mensch, Papa, weißt du nicht, dass so 'n Löwe einem Menschen die Haut von den Muskeln runterlecken kann? So hart und scharf ist dem seine Zunge!«

Mit der dritten Flasche wickelte ich den Schnaps-Handel mit unserem neuen Geschäftspartner kulant ab. Nun lud er uns sogar zu einem Besuch in seine Wohnwagenbude ein. Der lange Zirkuswagen war praktisch. In der Mitte trennte eine Stahlwand

Mensch und Tier. In der anderen Hälfte hauste der Löwe. So zogen die beiden durchs Land. Wir saßen in der Butze des Herrn Farkas und hörten Rumms! Rumms! Rumms! – immer wenn sich nebenan der Löwe gegen die Wände schmiss. Oder mit der Pranke die Knochen mit dem Fleisch hin und her schleuderte, an denen er kaute und knackte. Der ganze Wagen wackelte wie eine kleine Arche Noah in bewegter See.

Manu fragte, der Ungar antwortete. Wir lauschten seinem Lebenskrimi. Er hatte all das schon tausendmal erzählt, das war klar. Wir hörten die traurige Geschichte einer Weltkarriere, die er leider nicht hatte machen können. Und warum? Dieser Janosh Farkas hatte im berühmten Budapester Zirkus nach dem Krieg einen Unfall erlitten. Irgendein Tiger hatte ihn en passant erwischt. Nein, nicht gebissen. Mit einem einzigen Tatzenschlag hatte die Bestie ihm die Schulter zertrümmert. Die Knochen waren nur noch Splitter. Und die Ärzte ratlos.

Plötzlich sprang der Alte auf. Er riss sich das Hemd übern Kopf und zeigte uns die Schulter: Narben über Narben. Dieser Striptease war wahrscheinlich auch eine Standardnummer in seinem Repertoire. Aber dann verriet der Dompteur seinem jungen Kollegen Manuel, warum sein Löwe, der aussah, als fräße er alle Jungfrauen der Welt, eigentlich ganz ungefährlich ist. Sein Löwe sei längst ein herziger Zirkusveteran. Ich sagte: »Der frisst also nur noch sein Gnadenbrot.« Und Manu korrigierte: »Nicht Brot, Papa: Gnadenfleisch.«

Mein Groll war besänftigt. Unsere Hartnäckigkeit hatte sich gelohnt. Mein kleiner Romancier Manuel war beseelt, wie besoffen von den Geschichten aus dem wilden Zirkusleben. Ich trank mit dem Alten dabei die Flasche leer. Für meinen Sohn war es der schönste Tag. Der Roman, den er sich ausgedacht hatte, war jetzt durch eigene Erfahrung vollendet.

Mit dieser Komplettierung war Manus Karriere als Dompteur dann allerdings auch beendet. Von diesem Tag an wandte er sich vollends dem Theater zu. Als Intendant an diversen Schauspielhäusern ist Manuel Soubeyrand heute ja auch eine Art alter Zirkusdirektor geworden. Und als Regisseur ein Dompteur von sehr gemischten Raubtieren im Ensemble seiner Schauspieler.

Das weiche Herz

Wer braucht nicht Verbündete im Streit der Welt! Zufällig in Paris traf ich Ende der siebziger Jahre einen profunden Heine-Spezialisten, Walter Grab, Professor für Geschichte an der Universität Tel Aviv.

Der israelische Staatsbürger, ein Kommunist, war von meinen Gedichten und Liedern kritisch begeistert, also einer, wie ich ihn nach meiner Ausbürgerung dringend brauchte. Er sah mich in der Tradition seines geliebten Heinrich Heine. Und grad meine Pasquille gegen die stalinistischen Tyrannen in der SED-Führung passten prima zu seinem Spezialfach: die Geschichte der Jakobiner, Danton, Robespierre. Sich selbst sah Grab als einen Cousin des Volksfreunds Jean Paul Marat. Und mich nannte er einen singenden Jacques Roux. Und weil ich diesen radikalen Priester und Anführer Roux, den extremen Wutbürger unter den Revolutionären, die sich selbst Les Enragés nannten, gar nicht kannte, erzählte mein neuer Freund mir von seinem Idol in Leipzig, dem Historiker Walter Markov, der ein Buch über diesen Aufrührer verfasst hatte. Mich irritierte sein Beispiel, denn Jacques Roux mutierte vom Pfaffen zum Revolutionär, dann vom Mörder zum Selbstmörder. Die letzten beiden Phasen passten mir gar nicht als Modell für den Wolf Biermann, der ich sein wollte.

Professor Grab wurde mir ein Freund und Lehrer, der aber auch von mir was lernte: das DDR-Alphabet. Wie in all meinen Ost-Jahren mit Havemann, so versicherten Grab und ich einander. Das war unser gemeinsamer Nenner: Wir sahen uns als die redlichen, als die wahren Kommunisten. Und als er mir von seinem »weichen Herzen« erzählte, das er trotz alledem und alledem noch immer für die Sowjetunion habe, verstand ich ihn mehr poetisch.

Wir stritten manchmal, wie es doch sein soll unter Freunden. Welche Großmacht im Kalten Krieg ist gefährlicher für den Weltfrieden? Die USA oder die UdSSR? Bricht die Sowjetunion einen Aggressionskrieg vom Zaun? »Nein! Nein! Niemals!«, wehrte Grab ab und zitierte das populäre Lied des sowjetischen Protest-Poeten Jewgeni Jewtuschenko: »Denkst du, die Russen wollen Krieg?« Ich widersprach: »Ja, sie woll'n nicht wollen, aber machen Kriege. Genosse Stalin machte brüderlich mit Hitler Krieg gegen Polen. Und seine Nachfolger schlugen den Volksaufstand am 17. Juni 1953 in der DDR nieder, dann den Ungarn-Aufstand 1956. Der innersozialistische Bürgerkrieg ist ja auch Krieg. Und die sowjetischen Luftlandepanzer, die den Prager Frühling 1968 plattmachten, waren eine Todsünde gegen das Evangelium von Karl Marx. Und nun General Jaruzelski mit seinem Kriegsrecht in Polen, sein Krieg gegen die Gewerkschaft Solidarność mit ihrer Verbündeten, der Schwarzen Madonna ... Und das schäbigste Verbrechen ist immer der permanente Krieg gegen das eigene Volk.« Walter schimpfte all dies »Fehlentwicklungen«. Wir verglichen den Hollywood-Schauspieler Reagan und sein passendes Pendant Breschnew, ein blutiger Schmierenkomödiant. Dabei war uns beiden sonnenklar, dass die Sowjetunion und die DDR länger halten werden als wir.

Professor Grab konnte Geschichte wie sonst keiner. Und er konnte geistreiche Witze und Geschichten erzählen, auch mir seine eigene. 1919 in Wien geboren, war er eine knappe Generation älter als ich. Seine Eltern hatten ein florierendes mittelständisches Unternehmen aufgebaut. Sie produzierten und vertrieben Lederwaren. Die Familie lebte akkulturiert und assimiliert. Zum christlichen Glauben übertreten wollten sie aber partout nicht – mit der vieldeutigen Begründung: »Es nutzt eh nix.«

Vater Grab war im linken Wien der zwanziger Jahre ein Sozialdemokrat geworden. Er nahm seinen Sohn mit zu den 1.-Mai-Demonstrationen. Dem Jungen imponierten die Arbeitermassen: die Aufmärsche der beseelten Proletarier, die roten Fahnen, das rauschhafte Stakkato der Losungen. Ihre Marschlieder sollten die politischen Verhältnisse in

Österreich zum Tanzen bringen. Das revolutionäre Gequäke der Schalmeien-Kolonnen bohrte sich dem Knaben ins Gemüt. Der Fabrikantensohn bewunderte das plebejische Pathos im Klassenkampf für die Menschheitsdämmerung. Was Wunder – vieles verband uns, all das war mir ja vertraut aus unserem Milieu in Hamburg.

Walter brannte als Schüler für deutsche und englische Literatur und für das Fach Geschichte. Leicht legte er die Matura ab. Die Familie verdonnerte den humanistisch interessierten Sohn jedoch zur praktischen Vernunft, er sollte statt Geisteswissenschaftler besser Jurist werden. Die Begründung war fast schon überchochmetzt, raffiniert mit einer Wahrheit gelogen: In den Geisteswissenschaften habe es »zu viele Antisemiten«, deshalb könne er dort »keine Karriere« machen. In Wahrheit brauchte die Familie wahrscheinlich einen tüchtigen Rechtsanwalt fürs Geschäft. Der junge Mann fügte sich. Als Hitler Österreich »heim ins Reich« holte, studierte er brav im ersten Semester Jus.

Prompt nach dem »Anschluss« Österreichs ans Deutsche Reich, im März 1938, wurde auch die Firma von Emil Grab »arisiert«. Die neue Obrigkeit forderte die Belegschaft auf, die jüdischen Inhaber vom Hofe zu jagen. Die Arbeiter weigerten sich.

Zwei Brüder der Mutter wurden, wie viele Juden, unmittelbar nach dem »Anschluss« verhaftet und für Monate eingekerkert. Das Vermögen wurde ihnen abgepresst. Dem Jurastudenten Walter Grab war klar, er konnte nicht, und er wollte auch nicht in Österreich bleiben. Er schrieb einer Tante der Mutter, Deborah, nach Jerusalem. Sie verschaffte ihm ein britisches Einwanderungszertifikat nach Palästina. Vier Monate später, Walter war neunzehn Jahre alt, verließ er Wien.

Einen Tag nach der Reichspogromnacht im November 1938 wurden seine Eltern verhaftet. Und entgingen der Deportation nur, weil ein Polizist so sentimental war, seine beiden Nachbarn aus der Haft zu entlassen. Walter wollte seine Eltern in das Land Palästina nachholen. Aber wovon leben in der Fremde? Der Fabrikant Emil Grab verstand allerhand vom Handel, aber nichts vom Handwerk. Deshalb schlich er in seinen letzten Wiener Tagen bei Feierabend zum Werktor seiner Fabrik. Er drückte sich in einen Hauseingang gegenüber. Er wartete auf seinen angestellten Meister, ein erfahrener Täschner und Sozialdemokrat. Frauen und Männer strömten im 9. Bezirk aus der Fabrik an der Liechtensteinstraße, Ecke Fürstengasse. Es war fünf Uhr. Die meisten werden wohl ihren einstigen Chef erkannt haben, aber haben sie ihn gegrüßt?

Schließlich spuckte das Werktor auch Herrn Burianek aus. Emil Grab ging ihm entgegen. Dem Vorarbeiter aber war es zu gefährlich, sich mit dem alten Chef blicken zu lassen. Deshalb verabredeten die beiden sich en passant für nächsten Sonntag in

Grabs Wohnung. Der Mann hielt Wort. Er kam mit seiner Frau.

Emil Grab hatte den Plan gefasst, in Palästina selbst Taschen zu fertigen. Darum bat er seinen einstigen Angestellten, ihm zu erklären, wie man 'ne Tasche herstellt. Meister Burianek schnitt seinem enteigneten Patron aus Pappkarton für ein paar Modelle Standard-Schnittmuster zurecht und notierte die Größenmaße von Einkaufsbeuteln und Reisetaschen mit Reißverschlüssen. Frau Burianek brachte der Modistin Franziska Grab bei, wie und wo genau man Henkel stabil anbringt, wie man lederne Einfassungen steppt. Auch die nächsten Sonntage kamen die Ehepaare zusammen. In diesem Intensivkursus erlernten die Grabs, aus ein paar Stofflappen und paar Lederstückchen eine zwar nicht luxuriöse, aber brauchbare Tasche herzustellen.

Die Flucht nach Palästina gelang. Emil war Mitte sechzig, seine Frau Franziska Mitte fünfzig. Im Frühjahr 1939 erreichten sie, mit Schnittmustern und einer Nähmaschine im Gepäck, den Hafen von Haifa. Die Jerusalemer Verwandten, die auch den alten Grabs die Einreisepapiere besorgt hatten, halfen beim Neustart ihrer Mischpoche. Eltern und Sohn mieteten sich in Tel Aviv eine Wohnung, in deren Wohnzimmer sie eine kleine Werkstatt einrichteten. Material wurde gekauft. Für den zwanzigjährigen Sohn schaffte der Vater eine gebrauchte Nähmaschine an. Auch er musste nun lernen, wie man eine saubere Leder-Stoffnaht runterrattert. Kleine Taschen, große Taschen. Taschen Taschen Taschen.

Aber produziert heißt noch lange nicht verkauft. Das Geschäft lief schlecht. Die zusammengefriemelte Ware konnte nur über Hausierer mit viel zu wenig Gewinn verhökert werden. Das Geld war so knapp, dass der junge Mann nicht mal ein Mädchen zum Kaffee einladen konnte, schon gar nicht ins elegante wienerische Café Landwer in der Dizengoff-Straße.

Dies änderte sich erst, als Winston Churchill 1942 beschloss, über hunderttausend Soldaten nach Palästina zu senden. Rommel ante portas! Hitlers Wüstenfuchs eroberte Nordafrika. Und von Ägypten ist es nur ein Katzensprung über den Sinai. Die Panzer der Wehrmacht hätten nicht vierzig Jahre gebraucht, so wie einst Moses auf der Suche nach dem Gelobten Land. Die Kriegsgefahr brachte nicht nur der Grab-Familie, sondern dem ganzen Land den erhofften wirtschaftlichen Aufschwung. Montgomerys Soldaten und Offiziere waren in Tel Aviv die Kundschaft. Die mickrige Kleinfamilien-Manufaktur mauserte sich zur Firma mit fünfzehn Angestellten.

Walter wandelte in den folgenden zwanzig Jahren die Klitsche des Vaters um in einen Lederwaren-Großhandel. Aber der Kaufmann geriet in eine existenzielle Krise. Dabei lief alles bestens. Seine Frau Alice, leicht arabisiert nannte sie sich Ali, und er waren ein glückliches Paar. Die beiden Kinder wuchsen in Israel als wohlbehütete Sabres in einem kommoden Wohlstand auf. Die Existenz der Familie war gesichert. In der Seelen-Währung des Nahen Ostens fühlte Grab sich aber wie Falschgeld. Er führte das, was sein geliebter Heinrich Heine mal so nannte: ein »verfehltes Leben«. Für Walter war sein Leben im Gelobten Land nie eine »Alija«, ein Aufstieg geworden. Er war kein Zionist. Er sah sich nicht als Einwanderer, sondern als Flüchtling. Er blieb ein Fremder in der Fremde. Ein vom Wege in die Wüste abgetriebener Polyhistor. Dieser Hitler hatte ihm seinen Wiener Lebensplan vermasselt. Alles nervte ihn: das ewig gute Wetter, der endlose Sandstrand, die kitschigen Palmen, die kaum Schatten werfen. Keine Tram, kein Wiener Prater. Kein Naschmarkt, keine Donauwiesen. Statt der Pferdedroschken auf dem Ring all diese Kamele.

Die penetranten Zionisten brachten ihn noch mehr ins Schwitzen als die Dauersonne. Im schwelenden Bruderkrieg mit den Arabern konnte er keine Chance zu einem gerechten Frieden erkennen. Attentate, Überfälle. Obwohl die Juden unter den Arabern litten, taten diese wütenden Araber Walter Grab leid. Und all die eingewanderten sephardischen Juden waren ihm noch fremder als die Palästinenser. Ihm kam Theodor Herzls Judenstaat in Palästina vor wie die junge Stadt Tel Aviv: alles auf Sand gebaut.

Sein Großhandel lieferte Grab den Lebensunterhalt, gewiss, aber er langweilte ihn. Und im zionistischen Israel passten die theodorherzlichen Nationalisten überhaupt nicht zum Weltbild der Kommunistischen Internationale, die für alle Menschen gleiche Rechte erkämpfen sollte. Er schwitzte also doppelt in dieser Politsauna. Dieses Fremdsein wurde noch schmerzlicher, als er und seine Frau Ali 1956, im Streit um die Geheimrede Nikita Chruschtschows, aus der Kommunistischen Partei Israels ausgeschlossen wurden. Für Grab war das ein Exil im Exil.

Er dachte daran, nach Wien zurückzugehen. Bei einem kurzen Besuch in Österreich begriff er, dass nicht nur das Land, in dem er lebte, Israel, sondern vor allen Dingen der Beruf, den er ausübte, das Falsche war. Er sehnte sich nach einem wohlsituierten Akademikerleben. Die ganze europäische Geschichte! Die deutsche, die englische Literatur! Er wollte nichts als eine ordentliche Professur an der Alma Mater Rudolphina Vindobonensis.

Im Jahre 1957 war inzwischen auch in Tel Aviv eine Universität gegründet worden. Der Lederwaren-Großhändler kramte seine zwanzig Jahre alten Abiturzeugnisse hervor. Er versuchte, sich als Student an der Uni einzuschreiben. Seine Immatrikulation wurde abgelehnt mit der Begründung, er habe sicher längst vergessen, was er dermaleinst in Wien gelernt haben mochte. Grab besuchte trotzdem als Gasthörer Vorlesungen. Sein Professor muss ein kluger Mann gewesen sein, denn ihm wurde im Disput mit seinem Nebenbei-Studenten schnell klar, dass der bereits ein profundes historisches Wissen hatte. Der Mann sorgte dafür, dass Walter doch ordentlicher Student werden konnte.

Fortan führte Walter Grab ein Doppelleben: Tagsüber verkaufte er Lederwaren, spätnachmittags und abends erwarb er Wissen. Seinen Kunden und der Bank verschwieg er seine zwielichtige Existenz. Er hatte die Sorge, sie könnten mit einem, der solche »Rosinen im Kopf« hatte, keine soliden Geschäfte mehr machen.

Mein Freund erzählte mir – nicht ohne Stolz –, dass er während seines Studiums in Tel Aviv auch nebenbei als Gedächtniskünstler auftrat. In einem Varieté durfte das Publikum ihm zwanzig beliebige Fragen zur Weltgeschichte stellen. »Und weißt du, wie viele davon ich in der Regel beantwortet habe? Zwanzig!« Dieses Spektakel wurde sogar im Radio übertragen. Sein Künstlername: »Der Taschenhändler mit dem elektronischen Gehirn«. Er konnte alle Fragen nicht nur richtig beantworten, sondern auch die historischen Hintergründe und politischen Zusammenhänge liefern. »Und die Jahreszahlen wusste ich sowieso.« Natürlich schüttelte ich staunend den Kopf. Aber er lächelte unverschämt bescheiden: »Das ist gar nicht so schwer. Solche Laien im Publikum fragen nämlich immer das Gleiche.«

Walter Grab ging dann nach Deutschland, um an der Hamburger Universität zu promovieren. Sein Doktorvater wurde Fritz Fischer, eine mir dubiose Koryphäe. Ein ehemaliger Heil-Hitler-Theologe auf Seiten der Deutschen Christen, der 1933 der SA und 1937 der NSDAP beigetreten war. Er forschte und publizierte in der Nazizeit über »Das Eindringen des Judentums in Kultur und Politik Deutschlands in den letzten 200 Jahren«, über »Das Eindringen des jüdischen Blutes in die englische Oberschicht« und über »Die Rolle des Judentums in Wirtschaft und Staat der USA«. Nach dem Kriege wurde er von den Engländern kurz eingesperrt. Aber dann mauserte er sich zu einem linken Liberalen und vertrat immerhin eine Binsenwahrheit: dass Deutschland 1914 die Hauptschuld am Ersten Weltkrieg hatte.

Der Jude Grab promovierte also bei diesem ehemaligen Judenfresser. Bei der mündlichen Abschlussprüfung muss es ähnlich zugegangen sein wie in der Anekdote über Ludwig Wittgenstein: Als der bei dem berühmten Mathematiker und Philosophen Bertrand Russell seine Thesen zum »Tractatus« vor einer Prüfungskommission in Cambridge mit summa cum laude verteidigt hatte, soll Russell anschließend zu seinen Professorenkollegen gesagt haben: »Meine Herren, ich denke, wir sollten alle froh darüber sein, dass wir eben diesen jungen Mann haben prüfen dürfen – und nicht er uns!«

Zurück in Israel, wurde Grab schnell zum Professor berufen und gründete 1971 das Institut für Deutsche Geschichte an der Universität Tel Aviv. Seine Vorlesungen hielt er grundsätzlich ohne Manuskript. Wer solch eine Festplatte im Schädel hat, kann sich das leisten. Als ich ihn kennenlernte, war Walter ein mittelgroßer Zweieinhalb-Zentner-Koloss. Ich glaube, allein sein Gehirn wog schon einen ganzen Zentner.

Als Gastprofessor hielt er Mitte der achtziger Jahre auch Vorlesungen in Hamburg. Sein Thema: Französische Revolution. Unter den Fachleuten, die ihn bewunderten, galt er nicht als *das* …, sondern als »*der* Jakobiner-Grab«. Ich war neugierig auf seine tollen Geschichten über die deutschen Jakobiner und besuchte, wenn nicht grade ein Konzert mich hinderte, alle seine Vorlesungen. Les Jacobins allemands in der Mainzer Republik 1793 – Grab erklärte uns Studenten die Menschheitsretter mit der Guillotine. Und er verklärte sie uns als »radikale Demokraten«. Ich gebranntes Kind aus dem Osten fand, dass Danton und Robespierre gar keine Demokraten waren.

1990 roch es mal wieder nach Krieg im Nahen Osten: der Golfkrieg. Mein dicker Freund war zu Besuch bei uns in Altona. Ich fragte ihn, ob er nicht wenigstens für eine Weile nach Deutschland kommen wolle mit seiner Frau Ali. Er reagierte unwirsch: Wenn er daran denke, dass er mit Afghanen und Schwarzen und Polen und diesen Türken in der Hamburger Ausländerbehörde in der Schlange stehen und ausgerechnet einen deutschen Beamten um die Verlängerung seines Aufenthalts anbetteln müsse, dann würde er sich lieber in Israel krank ärgern. Lieber bliebe er in Tel Aviv und stürbe mit vier Millionen Menschen den gleichen Tod in den Giftgas- und biologischen Bomben des Saddam Hussein. Er habe seine Zukunft sowieso hinter sich, und seine beiden Kinder seien in Sicherheit in Amerika und Europa. Und er erzählte mir: »Grad eben, am 29. Oktober, wurden bei uns in Tel Aviv die Bürger mit dem Buchstaben ›G‹ wie Grab aufgerufen. Wir sollten uns die Gasmasken abholen …« Er habe sich zwei Stück genommen und dabei mit eigenen Augen einen unwiderlegbaren Beweis für den Fortschritt in der Weltgeschichte entdeckt: Made in Germany.

»Und warum gehst du nicht nach Österreich, wo du doch automatisch volle Bürgerrechte haben müsstet?« – »Nie und nimmer!!!« Dieses Österreich sei schlimmer als Deutschland! »Kennst du den Unterschied zwischen dem Antisemitismus in Deutschland und dem in Österreich?« Ich fragte brav: »Nu?« – und er legte los. Ich notierte mir die Witze in mein Tagebuch. »In Deutschland krachen zwei Autos auf der Kreuzung ineinander, nur ein Blechschaden. Der Fahrer, der keine Schuld hat, springt aus dem Wagen, reißt die Tür des anderen auf und schreit: ›Sind Sie Jude?!!!‹ – ›Nee, wieso?‹ –

›Na, dann kann ich's Ihnen ja ins Gesicht sagen: Arschloch!!!‹ – Der Antisemitismus in Österreich ist origineller: Vorm Stephansdom in Wien hockt nach dem Krieg ein Bettler. Sein Pappschild: ›Bin völlig blind. Nehme nichts von Juden!‹ Da kommt ein Jude aus New York vorbei, natürlich ein geborener Österreicher. Der pfeift den Bettler an: ›Mein Herr, die Zeiten haben sich geändert! Sie müssen sich mal ein neues Schild machen lassen!‹ – Und was antwortet der Bettler? Mit Wiener Schmäh schimpft er gegen an: ›Schmock du! Willste mich etwa lehren, wie man in Wien bettelt?!‹«

Doch nach diesem Doppel-Witz wechselte der Freund wieder in seine Wutklage: »*Ich* habe nie meinen österreichischen Pass abgegeben! Ich wurde vom österreichischen Staat 1938 verjagt und ausgebürgert. *Ich* werde jetzt nicht nach Wien gehn. Wenn die nicht von selbst draufkommen – *ich* jedenfalls bettele nicht um einen Pass!«

Auch Walter Grab lachte über unser Insider-Witzchen: »Der Helm eines guten Kommunisten hat viele Beulen, und nicht alle stammen vom Klassenfeind.« Er war ein »Genosse ohne Parteibuch«, er blieb aber umso trotziger ein Kommunist. In seinen eigenen Worten: »Ich bleibe der emanzipatorischen Idee des Sozialismus und der marxistischen Bewegung in engagierter kritischer Solidarität verbunden.« Wir bewunderten einander freundschaftlich.

Uns verband die Liebe zu Heine, der Respekt vor Lessing, der Spott über den jüdischen Selbsthasser Karl Kraus. Wir glaubten, dass wir auf ewig im selben Boot fahren. Aber wir fuhren längst auf verschiedenen Flüssen.

1992 druckte die Frankfurter Büchergilde Gutenberg eine überarbeitete Fassung seines Werks »Heinrich Heine als politischer Dichter«. Eine Sammlung scharfsinniger Essays und lehrreich wie alles von diesem Kenner. Der Verlag brauchte eine gute PR und bat mich, bei der ersten Buchvorstellung dabei zu sein. Vor Beginn der Veranstaltung im »Theater am Turm« in Frankfurt trafen wir uns in der Gutenberg-Buchhandlung. Im Büro saßen wir am Nachmittag zusammen, wir sollten den Ablauf des Abends besprechen. Aber Walter war wie abwesend: missgestimmt, bockig und wortkarg. Ich spürte, der wollte sein Buch auf der Bühne vorstellen, aber ohne mich. Ich sagte: »Lieber Walter, natürlich kannst du den ganzen Abend alleine und glänzend bestreiten. Aber dann ist das Plakat mit dem Namen Biermann ein Etikettenschwindel. Irgendwas muss ich heute Abend auch liefern zum Thema Heine.« Er blaffte mich an: »Ja, was denn?!« Ich sagte kühl: »Ich könnte dir eine interessante Frage stellen über das extrem widersprüchliche Verhältnis des Dichters Heine zum Kommunismus.« Grab zischte mit fast geschlossenen Lippen: »Darüber werde ich kein … einziges … Wort sagen!!!«

»Ok, dann könnte ich stattdessen mein Lied über Heine singen …« – »Welches?!«, schnauzte er. Ich sang es ihm einfach a cappella vor:

Kaminfeuer in Paris

Mit neuen Freunden saß ich die Nacht
Am Kaminfeuer in Paris
Wir tranken vom Beaujolais Nouveau
Und sangen »Le temps des cerises«

Sie erzählten von der Commune de Paris
Und viel vom Pariser Mai
Ich trank mein' Wein und hörte zu
Und dachte an Deutschland dabei

Ja, ich dachte an Deutschland in der Nacht
Und stocherte in der Asche
Doch wer behauptet, ich hätte geweint
Der lügt sich was in die Tasche!

Walter verzog sein Gesicht: »Das hat nichts mit Heine zu tun.« Ich widersprach: »Oh doch! Der exilierte Heine weinte in Paris. Und ich musste in meinem deutsch-deutschen Exil in Frankreich gar nicht weinen. Das ist doch ein bemerkenswerter Fortschritt.«

»Heine hat nicht geweint!«, knurrte Grab. Ich knarzte zurück: »Mensch, Walter! Du hast über sein Gedicht ›Nachtgedanken‹ doch sogar einen Essay in deinem neuen Buch!« Aber Walter blieb dabei: »Heine hat nicht geweint!« Absurdes Theater. Ich redete mich in Rage: »Walter, du kennst das Gedicht doch auswendig, wie wir alle: ›Denk ich an Deutschland in der Nacht / Dann bin ich um den Schlaf gebracht / Ich kann nicht mehr die Augen schließen / und meine HEI-SSEN TRÄ-NEN FLIE-SSEN!‹« – Aber Grab schüttelte stur den Kopf: »Heine hat nicht geweint. Das ist nur ein Gedicht.«

Wir wurden uns nicht einig, gingen schweigend rüber zum Theater, tappten missgelaunt auf die Bühne und verrichteten unsere Arbeit mehr schlecht als recht. Er war verbiestert, ich war von der Rolle. Er signierte im Anschluss seine Bücher, ich machte mich davon.

Was war passiert? Der kommunistische Tierversuch an lebendigen Menschen im Ostblock war in der DDR 1989/90 beendet. Der kolossale Macht-Moloch Sowjetunion war in sich zusammengebrochen, ohne einen Dritten Weltkrieg und sogar ohne Bürgerkriege. Für mich war's ein Sieg, für Walter Grab eine Niederlage. Ich hatte, anders als Walter, seit meinem Lied »Die Mutter Erde geht schwanger« im Jahr 1983 endgültig mit meinem Kinderglauben Kommunismus gebrochen. Walter kannte das Lied wohl, hatte es aber anders gedeutet.

Die Mutter Erde geht schwanger

Und sieht ja so elend aus
Das Balg, es bewegt sich gar nicht
Und kommt aus dem Bauch nicht raus
Sie hat schon ein' Haufen Kinder
Und freut sich aufs neue Kind
Und lächelt und denkt an die Väter
Die längst schon gestorben sind

Sie hat auch schon ein' Namen
Fürs neue Kindelein
Der Name für dieses neue
Soll Kommunismus sein
Sie sagt: Meine Kinder, ich lieb sie
Und doch warn sie alle so schlecht!
Jetzt endlich krieg ich ein Kindchen
Schön – lieb – klug und gerecht

Mein Bauch ist so riesig, ich glaube
Da kommt bald ein Riese raus!
Doch rührt er sich nicht und kommt nicht
Ich halt oft den Schmerz nicht mehr aus
– ach Mutter Erde, du Arme!
Hör zu, ich bin Spezialist
Für schwere Geburten und seh ja
Wie elend dein Zustand ist

Dein Kind ist längst übertragen
Und du siehst aus wie das Grab
Und unter deinem Herzen
Da fault eine Hoffnung ab
Das Kind ist verdorben gestorben
Was dir unterm Herzen ruht
Das stinkt vor sich hin und vergiftet
Dir mörderisch das Blut

Es ist zum Heulen, zum Lachen
Zum Haareausraufen, zum Schrein
Du trägst unter deinem Herzen
Ein Riesenkadaverlein
Hör auf mit dem Eiapopeia!
Hör auf und finde dich ab!
Wir werden den Riesen begraben
In einem Riesengrab

Und wenn du dich erst erholt hast
Versuchst du es eben nochmal
Und Väter für neue Kinder
Die findest du allemal!
Und wird es auch kein Riese
Und wird wie die anderen sind
So wird es doch 'ne Hoffnung
Wie jedes Erdenkind

Für mich bedeuteten diese Zeilen den endgültigen Abschied. Ich hatte mich abgefunden. Walter aber begriff das Lied, wie er es sehen wollte: »Versuchst du es eben nochmal« hieß für ihn: Alles von vorn, nur besser, die »Fehlentwicklungen« korrigieren. Wir hatten aneinander vorbeigeredet.

Trotz alledem und gerade drum wollte ich meinen entfreundeten Grab ein Jahr später in Tel Aviv besuchen. Meine Frau Pamela und ich liebten ihn ja und seine Ali. Ich wollte mich von ihm nicht so einfach ausschließen lassen aus seiner Menschheit. Wir liefen vom Hotel in der Ben Yehuda umme Ecke in die Gordon Street, den vertrauten Weg. Pamela klingelte. Ali öffnete, ließ uns eintreten. In der Küche saß Walter. Familienbesuch aus den USA, Sohn Alexander. »Stören wir?« Walter sagte: »Ja.« Ali: »Nein.« Alexander: »Ganz im Gegenteil.« So war der Wutkoloss überstimmt.

Wir kamen vom verlegenen Smalltalk bald ins Reden. Und gerieten vom Reden schnell in den alten Streit. Er schmähte die Wende in der DDR von 1989 als eine »Vendée«. In der friedlichen Revolution sah er also eine Konterrevolution und die DDR von der Bundesrepublik annektiert. Ich nannte das Schimpfwort »Vendée« einen »Terreur« der Geschichtsklitterung. Wenn überhaupt Konterrevolution, dann war es der Versuch der SED-Führung, eine taktische »Wende« zu machen, um dem Sturm der friedlichen Revolution zu entkommen.

Endlich schimpfte er mich einen Verräter. Ich gab ihm recht: »Gewiss, das bin ich! Wie Arthur Koestler, wie meine Freunde Manès Sperber und Ernst Fischer: ein treuer Verräter an der kommunistischen Illusion, ein frommer Ketzer, ein guter Renegat.«

Ich hatte Walter Grabs Wut über den Untergang der DDR unterschätzt. Unsere kleine Maulschlacht bei Kaffee und Kuchen trieb ihn in den absurden Wahnsinn: Er setzte Stalin mit Napoleon gleich, zwei fortschrittliche Massenmörder! Sicher, sagte er mir, unter Stalin seien Millionen Menschen ermordet worden. Aber auch unter Napoleon seien Millionen Menschen verreckt. Den Fortschritt unter die Menschen zu bringen, die Welt zum Guten zu verändern, ginge eben nicht ohne diese traurigen Opfer!

Mir blieb die Spucke weg. In der Rage berühmte er sich verzweifelt als einen glühenden Stalinisten: »Stalin wird bei mir immer oben auf dem Sockel der Weltgeschichte stehn! Sooo hoch! Ja, ja, beide, Stalin und Napoleon haben gemordet, beide haben Verbrechen begangen, beide haben sich auch geirrt – aber beide haben die Menschheit im dialektischen Sinne des Hegel'schen Weltgeistes blind vorangebracht. Ohne Napoleon kein Code Civil – ohne Code Civil keine Emanzipation der Juden! Darum hielt ja Heinrich Heine dem Napoleon die Treue! Und so auch ich dem Stalin! Ohne Stalin kein Sieg über den Faschismus. Und ohne Stalin kein Bollwerk gegen den Monopolkapitalismus. Ja, beide waren Diktatoren, aber sie haben die Welt zum Besseren verändert. So was geht eben nicht ohne tragische Opfer!«

Mir blieb das Herz stehn. Ich keuchte: »Warum, Walter? Warum bloß, du weißt doch die Fakten genauer als wir!« Und Grab sagte todtraurig: »Ja, aber nur im Kopf. Mein weiches Herz weiß es besser.« Da pochte es wieder, sein weiches Herz – es war wie ein Codewort für seine Verzweiflung aus dem Jahre 1948.

Es war Mai. Ben Gurion hatte mit seinen Zionisten-Chawerim auf der Basis der jüngst beschlossenen UNO-Resolution und ohne viel Zeitverzug den Staat Israel gegründet. Am folgenden Tag waren fünf arabische Armeen über den grad eben geborenen Judenstaat hergefallen: Syrien, Ägypten, Irak, Jordanien, Libanon. Es ist keine Übertreibung, es ging für alle Juden dort auf Leben und Tod. Und natürlich gehörte Walter, trotz aller Kritik an den Zionisten, zu den Verteidigern Israels. Als ein schlecht ausgebildeter Reservist wurde er eingezogen.

Der neunundzwanzigjährige Lederwarengrossist Walter Grab lag diese kalte Nacht in dünner Schützenkette am Boden nur in einer Mulde. Er hatte keine Lust, einen Schützengraben auszuheben. Er fürchtete sich vor dem Angriff der Araber. Grab klammerte sich an sein Gewehr, ein veralteter Schießprügel wie aus dem Kriegsmuseum, mit zehn Patronen – das war seine ganze Ausrüstung. Auch seine Kameraden hatten zusammengeramschte Gewehre, englische, italienische, türkische, erobert oder abgekauft von

Soldaten der abziehenden britischen Truppen. Natürlich alles verschiedene Kaliber! So lagen sie im endlosen Sand nahe Tel Aviv.

Der exilierte Intellektuelle aus Wien starrte in den gestirnten Himmel über sich und suchte nach dem moralischen Gesetz in sich. Und dachte an den gelben Stern seines Bruders Wilhelm, der in Auschwitz ermordet worden war. Was, verdammt, machte er hier? Was hatte er mit diesem gottverdammten Eretz Israel zu tun? was verloren? was also zu suchen? was hier jemals zu finden?! Er fühlte sich wie der falsche Mann am falschen Ort in der falschen Zeit.

Plötzlich ratterte ein Lkw hinter der Schützenkette, kam näher ran. Irgendetwas wurde da entladen. Schwere Holzkisten. Bald schon kam ein Kamerad zum Grab rangerobbt. Walter konnte es kaum glauben. Der Mann brachte ihm eine fabrikneue Maschinenpistole! Er wickelte die Waffe aus dem Fettpapier. Ein wahres Himmelsgeschenk in der Finsternis! Und hundert Schuss für das Magazin! Er tastete in der Dunkelheit Kimme und Korn ab. Er war unendlich erleichtert. Das! waren die erwarteten Waffen. Ein Gewehr aus einer Lieferung der UdSSR. Und er, der Genosse Walter Grab, Kommunist in Israel, dankte der Sowjetunion. Grab dankte Stalin persönlich! Genosse Stalin hatte ihm ein Gewehr für diesen Krieg geliefert. Und was für eine Waffe! Hochmodern! Er hielt das Eisen wie eine Braut im Arm. Er schmiegte seine Wange an den Holzkolben.

In dieser Sternstunde flutete eine kosmische Dankbarkeit durch sein müdes Herz. Die Sowjetunion war der einzige Staat, der das junge Israel militärisch unterstützte.

Als die Sonne aufging und das diffuse Schlachtfeld beleuchtete, sah sich Walter seine Schöne genauer an. Plötzlich entdeckte er an der jungen Braut einen Makel. Die Waffe stammte aus der Tschechoslowakei, gewiss. Sie war gegen Ende des Krieges von den Russen erbeutet worden. Walter staunte nicht schlecht: Seine starke Tschechin, an die er sich schon seit Stunden in seiner Todesangst klammerte, war anscheinend noch für die Wehrmacht produziert worden. Es schmückte sie am Gewehrkolben ein blank poliertes Stahlblech. Darauf das Symbol der Hölle, ein fettes Hakenkreuz.

Seine Liebesnacht mit der hakengekreuzten Braut war also der Grund, warum Walters weiches Herz so lebenslänglich für die Sowjetunion schlagen musste. Konnte ich mit ihm darüber rechten? Nein! Ich dachte: Wahrscheinlich braucht unser Freund diese Liebe. Er braucht seinen blinden Glauben an irgendeinen Fortschritt in der Menschheitsgeschichte. Seine einzige Heimat war die gescheiterte kommunistische Utopie.

Die Verhaftung der Schuldigen

Als nach zwölf Jahren die deutsche Wiedervereinigung grad so alt geworden war wie das Tausendjährige Reich, besuchte mich und meine Frau Pamela der alte Dichter Natan Zach aus Tel Aviv. Zwei lebendige Wochen blieb er bei uns, er genoss seinen Kurzurlaub vom Tohuwabohu im Gelobten Land. Und er lobte die »himmlische Ruhe!« im kommoden Häuschen im Garten. Zudem war sein Herz besänftigt, weil er nicht in die einstige Heimat der deutschen Juden hatte reisen müssen, um uns zu sehn. Mit einem Augenzwinkern empfingen wir ihn im südlichsten Teil Dänemarks, denn schließlich wurde Altona, das bewohnbarste Viertel am westlichen Rand der Stadt Hamburg, bis vor hundertfünfzig Jahren von den Königen in Kopenhagen regiert.

Ich erzählte dem Israeli, was ihn besonders interessierte: das Schicksal der sephardischen Juden aus Spanien und Portugal, die sich vor über vierhundert Jahren auf der Flucht vor christlichem Terror und Inquisition in dem deutsch-dänischen Städtchen an der Elbe ansiedelten. Die Sephardim waren welterfahrene Handelsleute, und sie waren meist wohlhabender als die ashkenasischen Ostjuden aus Warschau und Vilna, aus Odessa und dem weiten russischen Zarenreich. Die Ostjuden arbeiteten bei den iberischen Glaubensbrüdern als Hauspersonal. Beide glaubten an denselben Gott der Thora, aber in verschiedenen Kulturen kaltherzlich aneinander vorbei. Natan lachte: »Das kenne ich, so ist das heute noch in Israel.«

Altona ist frisch – hier weht die salzige Nordseelenluft. Und wer die Nase dafür hat, der riecht noch heute den französischen Duft der Bürgerfreiheiten, vor allem auch der allgemeinen Pressefreiheit, die schon kurz vor der Französischen Revolution, ein Coup des radikalen Aufklärers Frederik Struensee, in ganz Dänemark eingeführt worden war. Ein hochpolitischer Liebeskrimi, der längst aufgeschrieben und verfilmt ist. Altona ist rebellisch – die deutschen Jakobiner druckten hier im Schutz der napoleonischen »Franzosenzeit« ohne Gefahr ihre gefährlichen Pamphlete gegen alle kleinen und großen Fürsten in Deutschland. Altona ist rot – eine Hochburg der Kommunisten und Sozialdemokraten, jedoch nur bis zum Ende der Weimarer Republik. Im letzten Sommer vor Hitler floss das Blut beim »Altonaer Blutsonntag«, und es floss knüppeldick.

Der Gedichteschreiber Natan Zach kam nach Deutschland, das Land, in dem er 1930 als Harald Seitelbach geboren worden war. Hier kennen ihn nur ein paar Lyrik-Gourmets, aber in Israel ist unser

Freund populär wie ein bunter Vogel. Mein Kollege singt nicht, er spielt nicht Gitarre, er liefert »nur« die Verse. Aber viele seiner Gedichte haben sich – mithilfe verschiedener Komponisten und Popmusiker – in Singvögel verwandelt, etwa Nachtigallen, Lerchen und Spottdrosseln. Seine Wortwerke flattern als Volkslieder munter im Judenland herum, von der alten Generation sentimental mitgesungen, von Jüngeren über Kopfhörer konsumiert. Und manchmal steigen sie bei gegebenem Anlass auch aus Lautsprechern in die raketengeschützten Himmel über dem winzigen Israel.

Sein Deutsch lernte Natan in Berlin, wo er als Kind eines wohlhabenden Juden und einer Katholikin aus Italien aufwuchs. 1936 flohen die Eltern mit dem sechsjährigen Harry nach Frankreich. Von dort weiter nach Italien und schließlich mit dem Schiff nach Palästina. Natans spöttisches Bonmot: »Wer sieben Sprachen spricht, so wie ich, der ist kein Genie, sondern ein Flüchtling!«

In Israel verpassten die Eltern ihrem Knaben den Namen Natan. Und wie damals üblich, wurde auch der Familienname hebraisiert – aus dem ersten und den letzten drei Buchstaben des Namens Seitelbach wurde Zach. Ein Weiser ist dieser Natan gewiss nicht – eher ein alt gewordenes Waisenkind. Er war und bleibt in Israel der ewige Outcast-Jude. Sein Vater hatte sich vor dem deutschen Rassenwahn gerettet – das schleuderte ihn in die Armut. Gleich zu Beginn des neuen Lebens im Gelobten Land, in Haifa, ließ er Frau und Sohn im Stich, er brachte sich um. Natans katholische Mutter galt im Judenstaat nie als eine Jüdin. Deshalb lebte Natan Zach von Anfang an in Eretz Israel gebrandmarkt als ein »Im-Grunde-gar-kein-Jude«. So bitter und lebensdumm sind leider die archaischen Gesetze der Halacha. Immerhin: Sterben für den Staat hätte er dürfen, denn mit achtzehn Jahren wurde er Soldat der Armee und kämpfte 1948 im Unabhängigkeitskrieg.

In der neuen Lingua franca, dem wiedergeborenen Hebräisch, in dieser auferstandenen Sprache wurde Natan ein Dichter. Er gilt als ein kühler Iwrith-Romantiker. Von der Insel Israel im arabischen Meer wechselte der Poet auf die Insel England und lebte dort zehn Jahre. Er promovierte an der University of Essex. Er sagte: »Ich habe dort an der Uni ein wenig gelehrt und viel gelernt. Am allermeisten von John Milton, von John Donne natürlich, von T. S. Eliot, von Wystan Hugh Auden.« Auch die Gedichte vom schrecklichen Ezra Pound gehören zu Natans Proviant. So entdeckte er den britischen Prosa-Sound in der Lyrik, den kühlen Ton der Moderne gegen das warmherzige Pathos der Reime von Saul Tschernichowski, Chaim Nachman Bialik und Nathan Alterman.

Bei unseren Israelreisen sehen wir einander. Natans Wohnung im Zentrum von Tel Aviv ist eine dunkle Literatenhöhle. Er lenkte mich und Pamela durch sein Bilder-, Nippes- und Bücherlabyrinth zur breiten Fensterfront hoch über dem Rabin-Platz. Hier stand er am Abend des 4. November 1995. Wie aus einer Zuschauerloge im Theater sah er den weltstürzenden Mord unten auf der Bühne. Ein orthodoxer jemenitischer Israeli knallte Jizchak Rabin einfach ab, mit einer Beretta-Pistole. An diesem schwarzen Tag hieß der zentrale Platz noch »Kikar Malchei Jisra'el« – Platz der Könige Israels. Seitdem heißt er »Kikar Jizchak Rabin«.

»Ich war immer Avantgarde. Aber jetzt bin ich der Letzte. All meine Freunde von damals, auch der berühmte Jehuda Amichai, sind längst hinüber. Amichai«, so Natan bitterfröhlich, »starb nicht in der Gaskammer, sondern friedlich an Krebs. Meine Generation lebt das Leben in Israel ganz normal zu Ende: respektiert und ordentlich begraben. Und das, mein Lieber, das ist immerhin ein historischer Fortschritt! Die anderen Wortakrobaten warten jetzt alle da oben auf mich, auf der hebräischen Dichterwolke, und sie sagen: Natan Zach, mach hinne!«

In Hamburg spielte ich meinem Freund den Fremdenführer und zeigte ihm stolz ein paar Schönheiten meiner Vaterstadt. Hamburg nennt sich das »Tor zur Welt«. Die Hansestadt steht seit eh und je mit dem Rücken zu Deutschland, das Gesicht aber richtet sie über das Meer Richtung Großbritannien. Und der riesige Hafen ist das starke Großherz unserer

Stadt. Natan und ich liefen fast jeden Tag die paar Schritte runter an den Elbestrand. Zwei Wochen vergingen schnell. Am vorletzten Abend fragte der Gast aus dem jüdischen Altneuland mich nach meiner Meinung zu dem Streit im deutschen Medienwald um das große Holocaust-Denkmal, das grade in der Hauptstadt Berlin errichtet werden sollte. Ich war noch nicht meiner Meinung, wich ihm aus und spöttelte: »Das Denkmal soll sinnigerweise in der Aura des Todesstreifens an der Mauer gebaut werden. Das passt doch böse und artig – oder? Und die drei mal tausend gleichen Betonklötze werden in Reih und Glied stramm stehn wie bei der Militärparade …, genauso wie in meinem alten Lied ›Soldat Soldat in grauer Norm‹.« Sein kalter Kommentar: »Im Chaos der Gaskammer gab es keine solche Ordnung. Aber was geht's uns an … Das Denkmal machen ja die Deutschen nicht für die ermordeten Juden, sondern für sich selber.«

Wir sprachen über Martin Walser, der das geplante Denkmal 1998 bei seiner Rede in der Frankfurter Paulskirche einen »fußballfeldgroßen Alptraum im Herzen der Hauptstadt« schmähte. Walser ätzte in nacheilendem Nationalstolz, solch ein zentrales Denkmal sei nichts als eine peinliche »Kranz-Abwurfstelle«. Auch der deutsche Pressemogul Rudolf Augstein hatte in seinem Wochenblatt *Der Spiegel* geschrieben, das geplante Holocaust-Denkmal solle »in der Mitte der wiedergewonnenen Hauptstadt

Berlin an unsere fortwährende Schande erinnern. Anderen Nationen wäre ein solcher Umgang mit ihrer Vergangenheit fremd. Man ahnt, dass dieses Schandmal gegen die Hauptstadt und das in Berlin sich neu formierende Deutschland gerichtet ist.« Der gelernte Artilleriebeobachter und Leutnant der Reserve in der Wehrmacht, Augstein, warnte das Volk der Deutschen: »... so schaffen wir Antisemiten, die vielleicht sonst keine wären, und beziehen Prügel in der Weltpresse jedes Jahr und lebenslang, und das bis ins siebte Glied.«

Ich zitierte unserem Gast auch den inaugurierten Staatsminister für Kultur und Medien Michael Naumann im Bundeskanzleramt. Dieser mit allen amerikanischen und englischen Nachkriegswassern gewaschene SPD-Professor führte starke Argumente ins Feld gegen das Konzept des Architekten Peter Eisenman aus New York. Der Entwurf sei monumental im Stile von Hitlers Leibarchitekten Albert Speer. Zudem beklagte er die Abstraktheit all dieser nackt-grauen Betonstelen. Er interpretierte das als einen Fluchtversuch vor der konkreten deutschen Nazi-Diktatur. Ach, und irgendeinen Regierenden CDU-Bürgermeister in Berlin bekümmerte, dass Deutschlands regenerierte Metropole mit solch einem Denkmal für die ermordeten Juden Europas zu einer »Hauptstadt der Reue« verkümmern könnte ...

Ich erinnerte mich an das Berliner Mahnmal am S-Bahnhof Grunewald, das zum Gedenken der

Deportierten dort installiert worden war. Mit Heinz Berggruen hatte ich es besucht. Ich dachte an die Deportation meiner Familie im Winter 1941, die Abschiedsszene, die sich mir auf ewig schmerzhaft eingebrannt hat. Und schlug Natan vor, morgen hier in Hamburg zu den alten Schlachthöfen am Karolinenviertel zu fahren. Ich wollte ihm die stillgelegten Gleisanlagen für Güterzüge zeigen, wo in der Nazizeit das Schlachtvieh ausgeladen und ab 1941 die Hamburger Juden in die Waggons eingeladen wurden, zum Abgeschlachtetwerden.

Wenn ich in den Nachkriegsjahren mit meiner Mutter Emma an diesen Gleisen zufällig vorbeikam, erzählte sie mir immer dasselbe: »Von hier aus wurden Oma Louise und Opa John und Tante Rosi und der kleine Peter in Viehwaggons nach Russland in das Ghetto Minsk transportiert.« Inzwischen weiß ich, dass meine Mutter sich damals irrte. Die Hamburger Juden wurden nicht von den Bahngleisen vorm Schlachthof in Viehwaggons deportiert, sondern von der Reichsbahn korrekt in Personenwagen der Holzklasse vom Hannoverschen Bahnhof in den Tod befördert. Der Hannoversche Bahnhof wurde 2017 zur Gedenkstätte. Aber in diesem Jahr 2002 wusste ich all das noch nicht.

Natan und ich fuhren am nächsten Morgen zum Bahnhofsterrain beim Karolinenviertel. Aber als ich meinem Freund das Gelände zeigen wollte, war alles futsch. Die Gleisanlagen rausgerissen und weggeschafft. Keine Schiene mehr, die Bahnsteige eingeebnet. Man sah paar Mulden, in denen die Bahnschwellen im Schotterbett gelegen hatten. Nur eine einzige Schwelle lag da noch am Rande eines Schutthaufens. Ich war von der Rolle. Alles weggeschafft und plattgemacht! Nichts mehr erinnerte an das Ungeheuerliche, an die gewaltsame Verschleppung meiner Familie und so vieler anderer Hamburger. »Antisemiten! Geschichtsfälscher! Was wollt ihr mit diesem Gelände, Spekulanten! Profitgeier!«, so redete ich mich in Rage. Dann aber kippte ich über ins Alberne und zeigte dem Lyriker aus Israel, was eine poetische Harke ist. Ich baute mich theatralisch auf und machte der Schwelle aus Eichenholz eine große Szene. In der Manier der Commedia dell'Arte improvisierte ich eine Anklagerede gegen das Stück Holz da: »Wieso hast du dumme deutsche Eiche dich hier rausreißen lassen?« Und ich brüllte das Kampflied der Kommunisten aus der Weimarer Republik in den Wind:

Es steht ein Mann ein Mann
So fest wie eine Eiche
Die hat schon manchen Sturm
Schon manchen Sturm erlebt
Vielleicht ist er schon morgen eine Leiche
Wie es so manchen Freiheitshelden geht …
    Dem Karl Lieb-Knecht, dem haben wir's geschworen
    Der Rosa Luxemburg reichen wir die Hantt!!«

Natan war fasziniert von diesem Mummenschanz. Er sagte: »Du musst ein neues Gedicht über dieses Gelände hier schreiben! Schick es mir nach Israel. Ich übersetze es, das veröffentlichen wir in *Ha'aretz*! Aber mach bloß keine Reime! Besser frei und modern, besser in Brechts reimloser Lyrik wie in ›An die Nachgeborenen‹. Ich mag keine Reime.« Und dann witzelte er: »Weil ich keine Reime kann.«

Am Folgetag brachte ich Natan zum Flughafen in Hamburg-Fuhlsbüttel. Wir umarmten uns. Ich sah ihm nach, wie er seinen Koffer hinter sich herzog. Schnell entschwand er meinen Augen im Labyrinth auf dem Weg zum Checkpoint für die verschärften Sicherheitskontrollen.

Zurück in Altona, rief ich meinen Sohn Til an: »Heute Abend brauche ich deine Hilfe.« Er hatte Zeit, mein Entschluss leuchtete dem Enkel Dagobert Biermanns sofort ein. Wir machten uns auf den kurzen Weg am Heiligengeistfeld vorbei, ich fuhr noch mal zum Bahnhofsgelände am Karolinenviertel. Es dämmerte schon. Den Kombi parkte ich seitlich am Baustellengelände der Deutschen Bahn. Wir klappten die Beifahrersitze runter, gingen die paar Schritte zur Eisenbahnschwelle, der ich gestern die Szene gemacht hatte. Mein starker Sohn und ich hoben das sauschwere Eichenholz hoch, schleppten es zum Auto und schoben es hinten so tief wie möglich in den Ford Transit rein. Leider zu lang, der Kofferraum ging nicht mehr zu. Wir kippten die Klappe so weit es ging runter und banden sie provisorisch mit einem Strick fest. Ich griff noch paar Schottersteine, die da rumlagen, und fand sogar noch paar doppelfingerdicke Schwellenschrauben mit dem vierkantigen Kopf, dazu die starken Federstahlringe. Mein Til kroch hinter den Fahrersitz und legte sich neben das Holz. Und nichts wie weg!

Die gemischte Fuhre lenkte ich im Schneckentempo nach Haus, keine Verkehrspolizei, alles ging glatt. Wir trugen die Schwelle gleich hinters Haus in den Garten. Dort sah sie doppelt so mächtig aus wie auf dem planierten Gelände bei den Schlachthöfen. Ich bedankte mich bei meinem Sohn, er haute ab zu einer Verabredung.

Am nächsten Tag klingelte es an der Tür. Ich öffnete … und sah schon die Bescherung: zwei Polizisten in grüner Uniform. »Guten Tag, Herr Biermann. Dürfen wir eintreten?«

»Aber klar! Sie kommen bestimmt wegen der Bahnschwelle …«

»Aha! Sie geben es also zu?«

Ich führte die beiden gleich in den Garten. Der Ältere hatte einen Schreibblock parat.

»Herr Biermann, Sie müssen keine Aussagen machen. Sie sind aber beobachtet worden vom Sicherheitsdienst auf der Baustelle. Die Wachleute dort haben grad gestern moderne Nachtsichtgeräte bekommen und konnten aus der Entfernung Ihre Autonummer erkennen. Da hatten Sie Pech. Sie haben mit einer Person eine Eisenbahnschwelle entwendet.« – »Stimmt«, sagte ich, »die Person ist mein Sohn Til. Wir haben diese Schwelle aber nicht geklaut! sondern verhaftet!«

»Wie bitte?« Der Polizist blickte irritiert auf.

»Und deswegen werden wir sie auch nicht zurückgeben! Bezahlen werde ich das Stück Holz der Deutschen Bahn gerne. Der Geldwert muss von einem Sachverständigen geschätzt werden …« Ich zeigte auf die Schwelle: »Wir haben übrigens bei der Festnahme auch diese Schwellenschrauben hier mitgenommen und diese Schottersteine. Auch die haben sich schuldig gemacht, als im November 1941 meine ganze jüdische Familie deportiert wurde nach Minsk. All meine Leute wurden dort in die Grube geschossen … – Die Schwelle aber ist die Hauptschuldige! Notieren Sie das bitte! Oh, du verdorbenes Eichenholz! Du bist schuld! Mitschuld bist du am Holocaust! Das wissen wir ja: Die Nazideutschen hatten alle keine Schuld! Aber du! Du bist schuldig!! Du warst doch einst ein stolzer Baum im deutschen Wald. Du Eisenbahnschwelle, du Verbrecherin hast das Verbrechen mit angesehn! Du hättest die Juden retten können! Mein Freund, der israelische Dichter Natan Zach, und Wolf Biermann – auch mein Sohn Til – klagen dich an. Du hättest dich damals aus dem Schotter im Gleisbett erheben können, wie es nur eine deutsche Eiche kann. Du hättest aufstehn müssen, als die Juden einsteigen mussten in den Todeszug. Die Eisenbahnschienen hättest du verbiegen sollen! Die Lokomotive wäre entgleist. Die Todeszüge wären stecken geblieben! Das war unterlassene Hilfeleistung! Dein Verbrechen ist Beihilfe zum Massenmord. Und der verjährt nicht! Du bist und bleibst verhaftet! Und zwar hier! Und die Schrauben hier sind deine Mittäter, denn sie hätten sich vor Entsetzen aus dem Holz rausdrehen müssen, damit die Schienen nicht mehr festsitzen. Und diese Steine hatten auch kein Mitleid. Sonst wären sie dem Lokomotivführer und den Wachmannschaften an den Kopf geflogen. Also mussten wir auch diese Mittäter verhaften.«

Der jüngere Polizist starrte mich an, als ob er zum Einsatz in eine Irrenanstalt geraten war. Der ältere aber nickte mir begütigend zu. Er sagte: »Herr Biermann, ich verstehe, was Sie jetzt meinen. Aber wir sind Polizisten. Wir müssen der Anzeige nachgehen und erst mal alles genau aufschreiben.«

»Ja«, sagte ich, »jeder macht hier eben seinen Job. Sie schreiben die Schwelle auf, und ich schreibe Gedichte. Ich habe diese Schwelle grad noch erwischt. Wir werden sie hier im Garten an der Hauswand einbetonieren, damit sie lebenslänglich festsitzt. Ich kann jetzt endlich meinen Söhnen und Töchtern erklären, warum sie keine jüdische Familie mehr haben.«

»Aber Herr Biermann, das ist doch was ganz anderes …«

»Sie haben recht, es ist für verschiedene Menschen was ganz und gar anderes. Und das geht in Ordnung.«

»Von den Schrauben ist uns nichts angezeigt worden«, bemerkte der jüngere Polizist. Ich sagte: »Wenn schon, denn schon! Die sind auch verhaftet. Ich werde meiner Familie aus all diesen Schuldigen ein eigenes Holocaust-Denkmal bauen.«

Der Polizist schüttelte den Kopf und schrieb mit dem Kugelschreiber auf seinen Schreibblock: »1 Stück Eisenbahnschwelle, 8 Schwellenschrauben, 6 Federstahlringe, 7 Schottersteine.«

Ich fand beide Männer eher sympathisch. Der Ältere sah längst durch. Er fragte mich, ob ich mich mehr als Berliner oder als Hamburger fühle. Er schloss seine Aufzeichnungen ab, ich unterschrieb meine Aussage, und sie trollten sich ihrer Polizistenwege.

Am übernächsten Tag fuhr ich mit dem ICE zu einem Konzert Richtung Süden. Als ich in Nürnberg nach dem Soundcheck in der Garderobe auf meinen Auftritt wartete, klingelte mein Handy: »Papa, wir stehn in der Zeitung!«, flötete Til.

»Oh Gott, etwa wegen der Schwelle?«

»Ja klar«, lachte er. »Soll ich vorlesen?«

»Mach los, ich muss gleich auf die Bühne!«

STERNSCHANZE
Bahnschwellen gestohlen
(Lokalteil Hamburg *Die Welt* vom 7.6.2002)

> Eine Bahnschwelle und Schwellenschrauben hat ein 65 Jahre alter Mann zusammen mit seinem Sohn vom Bundesbahngelände an der Sternschanze gestohlen. Ein Bahnmitarbeiter beobachtete das Duo, wie es die Beute in einem Auto verstaute und flüchtete. Der Zeuge merkte sich das Kennzeichen. Der Täter wurde schnell ermittelt. Was er mit der Schwelle wollte, ist nicht bekannt.

Das war natürlich nicht ganz korrekt. Was ich mit der Schwelle wollte, hatte ich ja zu Protokoll gegeben – aber sei's drum. Ein paar Monate später kam mit der Post ein Brief von der Staatsanwaltschaft Hamburg.

> »Sehr geehrter Herr Biermann, in dem gegen Sie eingeleiteten Ermittlungsverfahren ist von der weiteren Strafverfolgung abgesehen worden. Hochachtungsvoll, Auf Anordnung, Schulz.«

Alles schwarz auf weiß getippt ohne persönliche Unterschrift.

Ich vermute, der Aufwand eines Verfahrens wäre zu hoch gewesen, um wegen ein paar wertloser Steine, verrosteter Schrauben und einer verrotteten Bahnschwelle einen Prozess wegen Diebstahls zu führen. Juristisch gesehen nennt man solch einen Fall nach § 153 StPO »eine Geringfügigkeit«. Ich nahm es hin. Mein privates Holocaust-Denkmal hatte ich zu Hause längst installiert. Und wer kann schon mit einer juristischen Textmaschine darüber diskutieren, was in der Geschichte des Holocaust eine Geringfügigkeit ist.

Miriam Makeba

Im Jahre 1966 beschlossen die Berufsjugendlichen unter den SED-Bonzen im Zentralrat der FDJ in Ostberlin die Gründung eines parteitreuen Singeklubs. Stichwort: Alles wie dieser Biermann, aber alles in gut! Der Klub wurde rekrutiert aus karrieregeilen Kastraten und kümmerlichen Lürikkern. Der Beschluss war die unmittelbare Reaktion darauf, dass grad eben der Verräter Wolf Biermann auf dem 11. Plenum des ZK der SED im Dezember 1965 mit Pauken und Partei-Trompeten in die DDR-Tonne getreten worden war. Damals begannen die elf Jahre meines Totalverbots. Die Kultur-Apparatschiks hatten begriffen, dass sie mehr machen müssen als immer nur Verbote. Nicht das repressive NEIN!, sondern auch ein konstruktives JA! Sie wollten ihre schöpferischen Kräfte mobilisieren. Und das wurde dann die parteigepamperte Singebewegung.

Der Fall Biermann war nicht der Grund, aber doch der Anlass. Im zynischen Sinne verstand ich mich deshalb als den eigentlichen und unfreiwilligen Gründer. Getauft wurde der neue Gesangsverein von den Genossen auf den geschichtsmächtigen Namen

»Oktoberklub«. Die domestizierten Nachgeborenen sollten sich als Früchte am Baum der Großen Sozialistischen Oktoberrevolution fühlen. Die Partei sponserte die Krähen, aber es wurden aus diesen gefütterten Vögeln weder Spottdrosseln noch Nachtigallen. Sie krähten ihre Lieder mit dem Talent, das ihnen abging. Sie sangen eben ohne Ohren. Und es beflügelte sie nicht der rebellische Geist der Freiheit. Sie klampften tümlich mit dreieinhalb Harmonien ihren realsozialistischen Folkloreschund. Und zu den Kulturfunktionären der FDJ und SED passte der Aphorismus des polnischen Dichters Stanisław Jerzy Lec: »Wie viele Nachtigallen muss ein Raubtier fressen, bis es endlich singen kann?«

Seit 1970 veranstaltete der Oktoberklub alljährlich das »Festival des politischen Liedes«. Das alles sollte international sein, also wurden aus mancher Welt Sängerpoeten angemietet, »Barden« aus der Sowjetunion, aber auch »cantautores« aus Südamerika, chanteurs-poètes aus Frankreich, fortschrittliche Songwriter aus den USA und Großbritannien. Mich nervten diese Festivals auch aus einem eitlen Grund: Ich war neidisch. Die geprügelten DDR-Hunde jaulten ihre klassenkämpferischen Hundegesänge, aber ich, der Wolf, durfte keine meiner Balladen und Pasquille heulen.

Trotzdem, das erzählte mir ein Freund, kam es in diesem Februar des Jahres 1974 zu einem Eklat. Im Theater »Volksbühne« trug auf einer Veranstaltung unter der Festivallosung »Rote Lieder« eine Oktoberklub-Gruppe ihr Programm vor. Plötzlich sprang ein Mann im Saal auf. Er schrie: »Was soll das? Lasst doch mal die richtigen Sänger hier auftreten. Wir haben von hier aus, ein paar hundert Meter entfernt, großartige Leute! Warum dürfen die hier nicht singen?« – »Wer denn?«, hackte jemand scharf zurück, »wen meinen Sie?« – »Na, Wolf Biermann zum Beispiel!«, rief der junge Mann. Kaum hatte er das gesagt, brach im Publikum ein Beifall los. Und gegen die Klatscher ertönten wütende Pfiffe. Dieses Pfeif-Klatsch-Konzert soll ein paar lange Minuten gedauert haben, endlich ein echt politisches Lied!

Natürlich wandte unsere Obrigkeit alle Mühe darauf, dass Staatsfeind Biermann zu Hause seinen Tee trinkt und möglichst gar nicht mit irgendwelchen Westkollegen sich an Freiheitsliedern besäuft. Dieses Ansinnen gelang nur unvollkommen. Die Tochter der lateinamerikanischen Legende Violeta Parra, die junge chilenische Liedersängerin Isabel Parra, und der Gitarrist Patricio Castillo, zwei Exponenten des »Nueva Canción Chilena«, besuchten mich in meiner Höhle Chausseestraße 131. Dabei ein junger Übersetzer, der Brasilianer war und perfekt Spanisch und Deutsch sprach. Isabel sang mir »Manifiesto« von Victor Jara vor:

Yo no canto por cantar
ni por tener buena voz …

Ich notierte mir dieses Credo in mein Deutsch:

> Nicht singe ich, nur um zu singen
> Noch weil meine Stimme so schön klingt …

Der Dichtersänger Victor Jara war grad eben, fünf Monate zuvor, von den Putschisten des faschistischen Generals Pinochet im »Estadio Chile« ermordet worden. Erst gefoltert und dann erschossen. Sie hatten ihm seine Gitarre zerbrochen und brachen ihm die Hände. Die Nachrichten in Ost und West überschlugen sich. Chile in jedem Wohnzimmer! Radio, Fernsehen, Zeitungen, alles voll mit dem Entsetzen über den Putsch der Faschisten gegen die linke Allende-Regierung in Santiago. Eine Hochsaison für echte und falsche Solidarität auch in der DDR. Aber wo liegt eigentlich Chile? Da, wo wir nie hinkommen.

Die Oktoberklub-Kanaillen machten plötzlich alle auf chilenischen Freiheitskampf. Sie chilefizierten munter drauflos, als wären sie grade mit Salvador Allende und seiner Massenbewegung Unidad Popular in den Märtyrertod gegangen. Ich wollte gegen diese Heuchelei ein wahrhaftiges Lied, ein Gedicht zu Chile liefern. Doch worüber genau? Chile war für mich DDRnik nur ein Wort. Also schrieb ich eine Ballade über das wenige, was ich kannte: einen Filmfetzen des schwedisch-argentinischen Kameramanns Leonardo Henrichsen. Diese Dokumentaraufnahme hatte ich in Ostberlin in der Glotze immerhin mit eigenen Augen sehen können: Ein Mensch filmt seinen eigenen Mörder beim Mord. Man sieht das putschende Militär mit Maschinenpistolen die Straßen leer fegen. Das Volk rennt, Getroffene fallen, andere flüchten in die Hauseingänge, die üblichen Schreckensbilder. Dann aber sieht man einen der Soldaten in Großaufnahme. Mit der Gummilinse zoomt der Kameramann diesen stahlbehelmten Mörder ran, der den Flüchtenden in den Rücken schießt. Plötzlich zielt der Schütze genau ins Zentrum des Bildes, er hat den Kameramann im Visier. Dann bricht der Film ab.

Diese Bilder waren nicht revolutions-exotisch, sie taten mir weh und reichten als Stoff für eine Ballade, die erzählt, wie zwei Männer mit sehr verschiedenen Waffen aufeinander zielen und wie beide sehr gut treffen.

Chile. Ballade vom Kameramann

Genossen! Nun sagt was! Erinnert sich keiner?
Mensch, wenigstens einer!
Es muss hier doch einer
Den Namen noch wissen und wo und wann
Er starb in Chile, der Kameramann!

In Santiago, im blutigen Jahr
Da fielen so viele, zu viele
Und das ist Chile in einem Wort:
Ein Mann filmt seinen Mörder beim Mord!

Ach, Macht kommt aus den Fäusten
Und nicht aus dem guten Gesicht
Aus Mündungen kommt die Macht ja
Und kommt aus den Mündern nicht
Genossen, das ist klar
Das ist und bleibt auch wahr
Das ist die bittere Wahrheit
Der Unidad Popular

Das ist uns ein lehrreicher Film geworden
Ich sah das Geschäft der Soldaten: das Morden
Ich sah solche Bilder, die jeder kennt:
Das Volk rennt über das Pflaster ums Leben
Und wie die Gewehre die Straßen fegen
Und wie sich Proleten hinlegen zum Sterben
Ich sah die Geschosse reißen die Kinder
Und wie sich die Frau'n auf die Toten schmeißen

Du siehst bei der Arbeit mit der MP
Besonders dies Vieh, dieser Bulle mit Stahlhelm
Wie der an den Kiefer die Knarre presst
Und wie er sich Zeit lässt beim Zielen, beim Zielen …
Der Kameramann zielt genau auf den Mann
Der Mann legt genau auf die Kamera an
Dann wackelt das Bild, der Film reißt ab
– das ist es, was ich gesehen hab:

Ach, Macht kommt aus den Fäusten
Nicht nur aus dem guten Gesicht
Aus Mündungen kommt die Macht ja
Und kommt aus den Mündern nicht
Genossen, das ist klar
Das ist und bleibt auch wahr
Das ist die kostbare Wahrheit
Der Unidad Popular

Die Kugel kam aus der Knarre
Die kam aus der Kamera nicht!
Und unser Kampf geht da weiter
Wo dieser Film abbricht:
Mit Knarre und Gitarre
Genossen, das ist klar
Und das ist die ganze Wahrheit
Der Unidad Popular

Ich sang meinen chilenischen Besuchern das Lied vor. Isabel nahm den Text und die Aufnahme auf einer Tonkassette mit, für ihre Freundin Joan, die Frau von Victor Jara. Sie wollte sich diese Ballade übersetzt eindrücken und in Paris auf einem Solidaritätskonzert für Chile singen. Was Wunder – das gefiel meinem Herzen. So flatterte mein Lied in die freie Welt.

Ich war glücklich über die paar Stunden mit neuen Freunden. Isabel machte Witze: »Komm doch einfach mit uns heute Abend auf die Bühne. Du kannst ja ein Kinderlied singen!« Ich schüttelte den Kopf und lachte mit schiefem Maul. Auch wenn ich nur als Zuschauer im Saal erschienen wäre, hätten die handfesten Genossen von der Firma solche Provokation im Armumdrehen vereitelt.

Der hellste Stern, der in diesen Lieder-Festival-Tagen über der DDR leuchtete, war ein Star aus Afrika: Miriam Makeba. Eine charismatische Sängerin. Nur vier Jahre älter als ich. Geboren im Süden des Kontinents in einem elenden Township bei Johannesburg. Im *Neuen Deutschland* wurde sie gefeiert als Kämpferin gegen die Apartheid. Ihr Ehrenname war »Mama Afrika«.

Für Erich Honecker war die Makeba eine willkommene Propaganda-Kanone, eine schwarze Sonne über dem roten Preußen. Sie lieferte dem Festival den größten Glanz. Natürlich sang sie ihren Hit, das südafrikanische Tanzlied »Pata Pata«, dessen kleine Melodie sich nur im Tonkäfig einer Quinte bewegt. So kann jedes Publikum sofort mitsingen: C-E-G/C-E-G/F-F-F/G–F.

Eins wusste ich immerhin: Miriam Makeba war vom rassistischen Südafrika ausgebürgert und danach Staatsbürgerin der einstmaligen französischen Kolonie Guinea geworden. Dass sie inzwischen verheiratet war mit dem radikalen Mitglied der Black Panther Party in den USA, Stokely Carmichael, wusste ich nicht. Auch dass sie eng befreundet war mit dem totalitären Afro-Kommunisten Sékou Touré war kein Thema.

Unser DDR-Staat war seit seiner Gründung um internationale Anerkennung bemüht und pflegte Kontakte zu sozialistisch ausgerichteten afrikanischen Staaten wie Angola, Äthiopien, Mosambik und eben auch Guinea. Der Handelsrat der Republik Guinea in Ostberlin, mit dem ich mich bei irgendeiner Gelegenheit fast flapsig angefreundet hatte, war der Meinung, ich solle die Makeba kennenlernen. Er habe ihr von mir erzählt, sie wolle diesen deutschen Songwriter Biermann mal treffen. So lud er mich ein in die Botschaft, zu einer Art Empfang. Als ich rausfuhr nach Pankow, hatte ich natürlich, wie immer, zufällig meine Gitarre dabei. Neben dem Eingang der Botschaft hockte der obligate Vopo im Glaskasten. Der Cerberus musterte mich flüchtig. In der Botschaft tummelten sich nur Afrikaner. Ich kannte niemanden. Wahrscheinlich, dachte ich, handelt es sich mehr um eine erlesene After-Show-Party afrikanischer Diplomaten für die Ikone ihrer Freiheitsbewegung.

Der Handelsrat stellte mich der Schönheit vor. Ich muss sagen, im ersten Moment war ich eingeschüchtert. Die Makeba wirkte wie daneben. Kühl. Sie blickte mich nicht grade freundlich an, reichte mir knapp die Hand und zog weiter ins Getümmel der Gäste. Smalltalk-Geplätscher, Gläserklingen, Gelächter, so ’ne Party war nicht mein Fall. Schon dachte ich: Wär ich lieber zu Hause geblieben! Hier hab ich nichts verloren, nichts zu finden. Was geht mich diese afrikanische »Klatsch-Klatsch-Pata-Pata«-Schlagersängerin an?

Der Botschafter hielt eine kleine Rede, die ich nicht verstand. Offenbar eine Rede auf Makeba. Die Künstlerin antwortete ihm mit nur wenigen Worten, dann sang sie den Gästen ein paar Lieder. Ihre dunkle Stimme beeindruckte mich, sie klang mir nach dem Ursprung der Welt, ihre Mimik expressiv, sie sang einen Hauch gelassener Ewigkeit.

Die Freiheitsgöttin aus Afrika predigte in der Botschaft gutgelaunt ihre eigene Botschaft. Sie stimmte eine Art Ein-Ton-Lied an, ein exotischer Sprechgesang. Mein Freund der Handelsrat lachte und gab mir einen kleinen Programmzettel mit lauter für mich unverständlichen Buchstabenbündeln. Er erklärte mir, dass Madame Miriam alle Namen singt, die ihr die Eltern 1932 im Standesamt mit auf den Lebensweg gegeben hatten. Es war klar, dass sie diese Nummer schon öfter abgezogen hatte: immer der gleiche Ton, aber jeder der vielen Namen anders moduliert, sang sie ganz und gar nicht eintönig: »Zenzile Makeba Qgwashu Nguvama Yiketheli Nxgowa Bantana Balomzi Xa Ufun Ubajabulisa Ubaphekeli Mbiza Yotshwala Sithi Xa Saku Qgiba Ukutja Sithathe Izitsha Sizi Khabe Singama Lawu Singama Qgwashu Singama Nqamla Nqgithi.«

Ich verstand nichts und staunte über den Reichtum ihrer Register. Diese facettenreiche Monotonie faszinierte mich. Nach dieser kleinen Darbietung klatschten die Zuhörer, manche jieperten, sie johlten begeistert und lachten. Und weil ich nichts verstand, lachte ich höflich mit.

Nachdem sie ihre Gesangseinlage beendet hatte, der Beifall verebbt war, kam Miriam Makeba schnurgrade auf mich zu. »Where is your guitar?«, fragte sie mich, aber die Frage klang wie eine Regieanweisung. Sie zog mich in einen Nebenraum. Durch die geschlossene Schiebetür tönte das Partygeplänkel ein bisschen leiser. Die schwarze Königin machte es sich auf einem Sessel bequem. Souverän, und als hätten wir ewig Zeit, sagte sie: »Play me one of your songs!«

Was soll ich jemandem singen, der kein Deutsch versteht? Ich sang ihr erst mal meinen populären Schlager »Ermutigung« und das trotzig-traurige

> Wie eingepfercht in Kerkermauern
> Liegt in den Mauern dieser Stadt
> Wolf Biermann, beißt mit gelben Hauern
> In Steine nur und hat es satt.

Wenn nicht die Worte, dachte ich, dann versteht sie vielleicht den Eisler'schen DDR-Blues in meiner Musik. Diese melancholisch-rebellische Grundhaltung findet sich in den Gesängen vieler Völker. Dann dachte ich an ihren Ein-Ton-Song. Ich fingerte mir mein neuestes Lied in die Gitarre, die Ballade von der Elbe bei Dresden. Darin gibt's auch einen manieriert langen Ton.

Es war klar, dass die Frau kein Wort verstand. Und mein Englisch war viel zu primitiv. Ich unterbrach meine Singerei, schob die Schiebetür auf und holte meinen Bekannten, den Herrn Handelsrat, heran, damit er meine Worte übersetze. Ein paar der Gäste folgten neugierig in unser Nebenzimmer. Ich stotterte der Makeba eine Kurzfassung meiner Elbe-Ballade. Im Refrain verrät der Fluss einem sehnsuchtskranken Mann in den Elbwiesen nicht die antike Weisheit des griechischen Philosophen Heraklit: »Panta rhei, panta rhei – alles fließt, alles fließt«, sondern der böse Elbefluss verspottet den Verlassenen, der nur noch Trübsal bläst, mit dem in die Länge gezogenen Reimwort: »Es bleibt alles, wie es iiiist …« Kurz gesagt, klagt mein Lied: Wer zu großen Liebeskummer hat, der kann nicht mehr begreifen, dass man die Welt verbessern kann. Und deswegen darf Biermann in der DDR nicht zu viel Liebeskummer haben.

All das war natürlich viel zu viel Quasselei, zu viel Erklärerei – und endlich sang ich zur Gitarre:

Die Elbe bei Dresden

In Dresden, da steht ja die Elbe so still
Und die Stadt fließt so träge vorbei
Ich steh' da und seh' da die Raddampfer ziehn

Wie voriges Jahr, den Mai
Wie vorigen Mai, da wohnten wir
Diese Sommernacht unten am Fluss
In den Elbwiesen blieb uns die Puste weg
Beim Kuss zwischen Kuss und Kuss

Das sang uns der Fluss, das war unser Lied:
Es fließt alles – alles fließt
Mein Lieb, mein Lieb, jetzt bin ich allein
Jetzt redet der dumme Fluss mir ein:
Es bleibt alles, wie es ist

In jenem Mai, da schwammen wir schön
Mit der Strömung zur anderen Seit
Dann laufen ein Stück – und schwimmen zurück
Uns war ja der Fluss nicht zu breit
Das Wasser war nicht viel zu tief für uns
Ach und uns war der Dreck scheißegal
Wir ließen uns treiben und trieben das Spiel
Noch einmal und noch ein mal

Das sang uns der Fluss, das war unser Lied:
Es fließt alles – alles fließt
Mein Lieb, mein Lieb, jetzt bin ich allein
Jetzt redet der dumme Fluss mir ein:
Es bleibt alles, wie es ist

Jetzt lieg ich am Ufer und wundere mich
Warum das mit mir grad so ist

Ach damals verriet uns der gute Fluss
Die Wahrheit, dass alles fließt
Da drehte die Erde sich unter uns
Als wir noch verharrten im Kuss
Und weißt du, warum ich dich suchen will?
Weil ich mich ja finden muss

Das sang uns der Fluss, das war unser Lied:
Es fließt alles – alles fließt
Mein Lieb, mein Lieb, jetzt bin ich allein
Jetzt redet der dumme Fluss mir ein:
Es bleibt alles, wie es iiiiiist

Und am Ende dieser Ballade sang ich das letzte Wort iiisst in dem irren, hell-hohen Ton »a« im Falsett. Das hatte ich, nebbich, trainiert. Ich schaffte das bis zu zwei Minuten. Ich quäkte diesen Ton so lange, dass es schon ein sportliches Kunststück war.

Nach dreißig Sekunden runzelte die Sängerin die Stirn. Sie öffnete den Mund, als ob sie es sei, die endlich wieder Luft holen muss. Nach abermals einer halben Minute wurde es schon makaber. Miriam Makeba lachte halb verlegen – und überlegte wohl, ob dieser kleine Deutsche mit der Gitarre vielleicht einen versteckten Blasebalg in der Jacke hatte oder sonst einen Trick. Das hatte schon nichts mehr zu tun mit Kunst, das war mehr ein Kunststück fürs Guinness-Buch der Idiotenrekorde. Nach noch mal dreißig Sekunden fingen die Leute an zu klatschen. Ich aber sang beharrlich den Ton weiter, das Klatschen versiegte. Gespanntes Horchen. Jemand schob die Doppeltür zum großen Raum wieder auf. Kein Gast da konnte ja kapieren, was dieser irre Ton sollte. Stutzend und neugierig starrte mein kleines Publikum auf mich und meine Gitarre, die ich nur noch hielt und nicht mehr spielte. Stur sang ich den hohen Kopfton weiter.

Ich hielt den Ton meine zwei Minuten lang. Dann stieß ich einen rüden Seufzer aus und beendete das Lied mit einem lauten Schlussakkord. Und als ich wieder genügend Luft geholt hatte, radebrechtete ich so gut es ging: »As you see, Miriam … this superlong sound … shall demonstrate our oppressors, that we have a much longer breath than they will have.«

Ich kann nicht wissen, wie diese afrikanischen Diplomaten und Geschäftsleute in der Hauptstadt der Deutschen Demokratischen Republik mein gestottertes Englisch über »our oppressors« aufgefasst haben. Wahrscheinlich verstanden sie im Sinne ihres kommunistischen Diktators Sékou Touré, der mit dem Ostblock poussierte, falsch, dass der junge Mann mit der Gitarre und seinem erstaunlich langen Kastratenton einen Spott-Ton gegen die kapitalistischen Oppressors in der westdeutschen Bundesrepublik gesungen hatte. Sie klatschten begeistert.

Nur Miriam Makeba blieb ernst. Sie stand auf, schnappte sich den Handelsrat und kam zu mir.

»Translate«, befahl sie ihm. Und sie sagte: »I know this sound of sadness. Worse than hunger and torture is when your sweetheart leaves you.« Und mit flackernden Augen und einem bitteren Lächeln strich mir »Mutter Afrika« die Wange wie einem kleinen Raufbold, der sich die Lippe aufgeschlagen hat.

Seelengeld

Die Sängerin Isabel Parra hatte also mein Lied über das große Morden in Chile mit nach Paris genommen. In der DDR – das war klar – konnte der Song vom Staatsfeind Biermann keine Chance auf eine Veröffentlichung haben.

Gut drei Jahre später erlebte ich mit genau diesem Lied den glücklichsten Tag seit dem Kölner Konzert im November 1976 – meinem Welt-Ende und Welt-Anfang. Im ersten Schreck nach der Ausbürgerung schluckte ich als Schmerztabletten gegen meinen DDR-Phantomschmerz: Konzerte, Konzerte, Konzerte. Westdeutschland, Dänemark, Spanien, Schweden, Italien, Frankreich, England. Und in Holland kassierte ich mit Hilfe der »Ballade vom Kameramann« die wohl höchste Konzertgage meines Lebens.

Ich hatte mich mit einem pockennarbigen Kerl angefreundet, einem Tijl Uilenspiegel aus den Niederlanden. Sein Name: Nico Haasbroek. Er ist ein Fernsehjournalist. Haasbroek wurde bewundert, beneidet und gefürchtet. Er war auch berühmt für seine Radio-Livesendungen. Einmal ging er, verkleidet als Frau, mit einem versteckten Mikrofon im Gummibusen in ein Frauenhaus. Man muss zugeben, das war eine prekäre Aktion als aufklärerisches Schelmenstück.

Nico organisierte Mitte des Jahres 1977 – auf eigene Faust – ein Biermann-Konzert in den Niederlanden. Er war kein professioneller Veranstaltungsmanager. Er machte das aus … wer weiß – einem Löffel Freundschaft, einer Prise Übermut, einem Pfund Menschheitsretterei. Der Holländer mietete als Privatperson den traditionsreichen Saal des weltberühmten Concertgebouw-Sinfonieorchesters in Amsterdam. Und weil der Skandal um die Ausbürgerung des DDR-Bürgers Biermann auch in den Niederlanden in den Medien hochgekocht war, brauchten wir kein einziges Plakat in der Stadt. Es reichte eine Notiz in der Zeitung, und der Schuppen mit fast zweitausend Plätzen war schnell ausverkauft.

Punkt acht Uhr ging ich auf die riesige Bühne. Ehrwürdig altbacken, viel Plüsch und Gold aus dem Fin de Siècle. Wer sänge nicht lieber vor Menschen im Schweinestall als vor Schweinehunden im Salon! Hier aber passte alles ideal zusammen. Der erste Beifall, bevor der Künstler irgendetwas richtig oder falsch machen könnte, entscheidet oft über den günstigen Wind, der im Konzert weht. Die zugewandte Neugier in den Gesichtern ermutigte mich. Und ich dachte: Diese Dutchmen verstehn vielleicht besser Ostdeutsch als die Westdeutschen.

Ein Lied, das Klatschen, noch 'n Lied und wieder Beifall – so arbeitete ich mich durch mein vorbereitetes Programm. Manchmal flocht ich eine kurze Verklarung ein, oder eine Verklärung. Gelegentlich eine Anekdote, eine Sottise, ein kleines Gedicht. Und an einer günstigen Stelle machte ich mich bei diesen Holländern beliebt mit einem antideutschen Slogan aus der Nachkriegszeit, den ich im originalen Tonfall von Nico aufgeschnappt hatte. Die Worte klingen wie mein vertrautes Plattdeutsch: »Ik heb geen fiets meegenomen! – Ich hab kein Fahrrad geklaut!« Was bedeutete: Ich bin nicht so 'n Nazi, der hier in Holland mit Panzern eingeritten und mit einem geklauten holländischen Fahrrad wieder abgehauen ist, als der Krieg verloren war.

Ich ließ mich im Konzert treiben. Ich mäanderte, statt stringent wie ein professioneller Mietkünstler meine Ware zu liefern. Natürlich ein Fehler! So zerredet man sich auf der Bühne jedes Konzert und tritt seinen eigenen Liedern auf die Kehle. Und: Solch Gequassel frisst Zeit. Erst nach gut zwei Stunden lieferte ich den letzten Titel vor der großen Pause.

In der opulenten Dirigenten-Garderobe kaute ich paar Weintrauben. Grad als ich mir eine Banane aufreißen wollte, riss mein neuer Freund Nico die Tür auf und blaffte mich an: »Alles wunderbar! Aber so geht das nicht, Wolf! Du musst Schluss machen! Wir haben nach der Pause jetzt nur noch zwanzig Minuten Zeit. Den Vertrag hab ich unterschrieben. Der

Saal ist nur bis Punkt elf Uhr gemietet. Jede halbe Stunde, die wir danach anbrechen, kostet tausend Gulden Miete extra. Wir sind hier nicht in der Kölner Sporthalle, sondern im Königlichen Musikpalast!«

Ich stotterte: »Na und …? Geld! Geld! Geld!« Aber Nico konterte: »Zeit ist Geld!« Ich flapste zurück: »Nee, Nico, Geld ist Zeit! Und die kaufen wir uns jetzt. Ich hab im Osten zwölf Jahre lang überhaupt nicht auftreten dürfen. Also muss ich jetzt bisschen zu lange singen.« – »Okay«, schnarrte Nico, »und wer bezahlt das?« – »Wir!«, grinste ich, »wir bezahlen das!« – »Wir nicht – du! Biermann, du zahlst das, von deiner Gage …« – und nun war es Nico, der grinste.

Die Pause war vorbei. Als ich wieder gegen das Rampenlicht in mein Publikum blinzelte und das erste Lied sang, war ich bester Laune. Ich erzählte wieder ein bisschen, und das nächste Lied im Programm flog prima über die Rampe. Aber mich beschlich der beunruhigende Gedanke, dass inzwischen die Zeitgrenze wohl überschritten sein musste. Dieses Gefühl drückte mich. Beim folgenden Lied sah ich plötzlich ein imaginäres Taxometer. Es schwebte über meinem Haupte wie eine riesige Damokles-Uhr. Geld Geld Geld. Meine schöne Gulden-Gage sah ich durch eine große Sanduhr sickern. Jeder längere Ton kostete mich einen Heiermann. Für jedes kleine Lied musste ich einen Hunni blechen.

Meine Konzentration ließ nach. Geiz legte sich

wie Mehltau mir auf die Zunge. Die Ohren kontrollierten nicht mehr meine Stimmbänder. Ich konnte keinen Ton mehr korrigieren. Die horrende Saalmiete irritierte auch meinen linken Zeigefinger beim Barré-Spiel. Ich traf die Harmonien auf dem Griffbrett nicht sicher genug. Und die Finger der rechten Hand torkelten nun schon über die sechs Gitarrensaiten wie die blinden Holländer im Sturz auf dem berühmten Bild des Bauern-Brueghel. Dann vergaß ich sogar den Anfang einer Strophe. Verflucht! Es wurde peinlich. Geiz ist eben gar nicht geil.

Mein alter Trick in solchen Nöten: Ich rette mich in die Wahrheit. Ich unterbrach abrupt, mitten im Lied. Legte die Gitarre beiseite und sagte: »Das wird mir hier zu teuer. Ich kann das nicht. Wir haben den Saal nur bis genau elf Uhr gemietet. Jede Minute darüber hinaus muss ich bezahlen von meiner Gage.« Und dozierte: »Im Osten spielt Geld keine so große Rolle. Da kosten die Lieder ›nur‹ Knast. Und was ist das überhaupt für'n degenerierter Kapitalismus: Ich liefere hier auf der Bühne *mehr* Ware – und muss auch noch Geld *dazu* zahlen!« Die Leute kicherten über meine naive Rechnung. Die klassenkämpferische Milchmädchenrechnung eines Ostmenschen. Meine politökonomische Posse amüsierte diese Westlinken.

Da sprang, in der ersten Reihe vor mir vorn links, ein junger Lulatsch auf. Er reckte die Fäuste hoch und grölte mit Stentorstimme: »Das ist ungerecht!

Unser Wolf! Er singt für uns! Wolf Biermann soll das nicht bezahlen ... WIR alle geben ihm das Geld!!« Und schon warf er mit pathetischer Gebärde eine Hand voll Geldstücke auf die Bühne.

Das fanden die Leute komisch. Sie klatschten. Der Jux animierte das Publikum. Es begann ein pekuniäres Bombardement. Ein übermütiges Revoluzzer-Happening. Es war eine Gaudi, manche lachten sich schief. Wie in Sterntalerchens Schürze regnete es Münzen auf die Bühne. Ein Geldstück traf sogar meine Gitarre, aua! Zusammengekniffte Banknoten landeten um mich herum. Auch von weiter hinten kamen animierte Leute an die Rampe und schmissen ihren Obolus vor meine Füße. Sogar von der Empore taumelten, wie »les feuilles mortes«, etliche bunte Geldscheine herab. Und wie das Herbstlaub des Jacques Prévert bedeckte der schnöde Mammon die Bühne. Diese Bretter der Bühne dort sind getränkt von klassischer Musik. Normalerweise tragen sie ein ganzes Orchester. Da ist sogar Platz genug für die »Sinfonie der Tausend« von Gustav Mahler. In dieser erhabenen Aura von Bach bis Bernstein erhob sich nun ein unangemessenes Jux-Gejohle. Geld Geld Geld! Es klingelte wie in einer riesigen Kasse.

Wenn man so offensichtlich übertreibt wie ich, dann darf man das. Sagen wir so: Es stieg das Geld mir nicht bis an den Hals, aber immerhin bis hoch ans Herz. Der Anblick des Geldes beförderte meine Sangeslust enorm. Ich war aufgekratzt wie ein Straßenmusikant im Paradies. Also sang ich weiter mein Programm.

Nach drei, vier Titeln stand auf dem Zettel als Nächstes: »Die Ballade vom Kameramann in Chile«. Ich wetterte dramatische Blitze in den Saal:

Und das ist Chile mit einem Wort:
Ein Mann filmt seinen Mörder beim Mord …

Und trompetete im Hanns-Eisler'schen Barrikaden-Ton den Refrain:

Ach, Macht kommt aus den Fäusten
Und nicht aus dem guten Gesicht!
Aus Mündungen kommt die Macht ja
Und kommt aus den Mündern nicht …

Als die Gitarre den letzten verminderten e-Moll-Akkord mit einem harten Arpeggio ins Mikrofon gepeitscht hatte, sprang ein junger Mann auf. Es war derselbe Lulatsch, der mir grad eben den Goldregen beschert hatte. Wieder riss er die Arme hoch. Er brüllte mir meinen schönen Beifall nieder. Und seine Botschaft war: »Jaaaaa!!! Jetzt!! habe ich es verstanden!! Wie wichtig!!! Jaaa, wie wichtig unsere Solidarität mit Chile ist …!!! Und deshalb!! schlage ich vor!! dass wir das ganze Geld hier von der Bühne …!!!«

Es versteht sich: Dieser gute Mensch von Amsterdam musste das Zauberwort »Solidarität mit Chile« gar nicht bis zu Ende ausschreien. Die Leute beklatschten frenetisch seinen Vorschlag. Ich war stocksauer. Der verfügte hier über mein Geld! Spinnt der? Aber was blieb mir übrig? Feige fortschrittlich stimmte ich mit falscher Begeisterung zu. Immerhin schmeichelte es mir, dass mein Chile-Lied solch eine edle Spendenfreudigkeit animiert hatte.

Ich war angefressen. Scheiß auf die Kohle, dachte ich, futsch is futsch. Solln sich diese Westlinken doch gehackt legen mit ihrer ganzen Solidarität und ihren holländischen Gulden! Jetzt wollte ich nur noch mein Programm bis zum Ende durchziehn – und nix wie weg hier! Also machte ich schlank weiter, ohne viel Quasselei. Zwei, drei Lieder noch, und zum Schluss sang ich das Liebeslied vom Pärchen auf dem Hugenottenfriedhof in der Ostberliner Chausseestraße.

Dann freun wir uns und gehen weiter
Und denken noch beim Küssegeben
Wie nah sind uns manche Tote, doch,
Wie tot sind uns manche, die leben …

In Berlin-Mitte, der alte Dorotheenstädtische Gottesacker ist inzwischen ein Prominenten-Friedhof. Alle Welt will dort ein Grab ergattern. Heute besonders die, die im Leben gerne so bedeutend geworden wären wie die Weltberühmtheiten, die dort begraben liegen. Der große Star ist Brecht. Die geniale Schauspielerin Helene Weigel liegt neben ihrem Mann.

In der letzten Strophe besinge ich auch ein paar Nachbar-Gräber. Natürlich das meines verehrten Meisters Hanns Eisler. Und die Ruhestätte meines Lieblingsphilosophen Hegel. Auch das allererste Genie der Fotomontage John Heartfield erwähne ich. Der allmächtige Kulturminister und stalinistische Parteipoet Johannes R. Becher wird mit einem pasquillischen Seitenhieb bedacht.

Und ich feiere in diesem Lebenslied auch den Theatermenschen Wolfgang Langhoff. Der Schauspieler und Regisseur war gleich nach Hitlers Machtergreifung 1933 im KZ Börgermoor ein Jahr lang eingekerkert worden. Langhoff entkam weiterer Verfolgung. Er rettete sich in die Schweiz, ans Zürcher Theater. Nach dem Krieg wurde dieser gestandene Antifaschist Intendant des Deutschen Theaters in Ostberlin. Sein Leben ist ein ungeschriebener DDR-Roman. Langhoff ist das Beispiel eines Kommunisten, der nicht verbissen war, aber zerbissen wurde von den eigenen Genossen im totalitären Bestiarium. Als erkennbar war, dass mein Bruch mit der Obrigkeit nicht mehr zu kitten ist, hätten wir Feinde sein sollen, aber wir blieben immerhin klammheimliche fremde Freunde.

In dem Emsland-Lager Börgermoor nahe der holländischen Grenze hatte der KZ-Häftling Langhoff zwei anderen Kameraden geholfen, ein starkes Lied des Widerstands zu schaffen. Es erklang zum ersten Mal, als Langhoff mit seinen Leidensgenossen im KZ ein buntes Unterhaltungsprogramm einstudiert hatte. Sogar genehmigt von der Lagerleitung: Gedichte, Sketche, bisschen Akrobatik und Schlager, paar Zauberkunststücke. Die Häftlinge kaschierten ihr Varieté mit einem kessen Titel: »Zirkus Konzentrazani«. Ein Häftlingschor sang als Finale das neue Lied mit dem einprägsamen Refrain. Sogar die Wachmannschaft hörte zu. Und manch junger Mann in Uniform sang die düster monotone Melodie von dem Häftling Rudi Goguel tief bewegt mit.

Ernst Busch sang das Lied bald im Spanischen Bürgerkrieg. Und es verbreitete sich sogar in Nazi-Deutschland. Es ist das graustarke Lied von den Moorsoldaten, die statt des Gewehres einen Spaten tragen. Es wurde das große Lied des politischen Widerstandes gegen den Nationalsozialismus. Auch mein Vater sang es heimlich mit seinen Kameraden, als er in der Gefangenschaft in Bremen-Oslebshausen Torf stechen musste. Ich lernte das Lied als Kind von meiner Mutter und sang es vor dem Ende des Krieges so leise wie sie.

Als ich nun über dreißig Jahre später auf der Bühne in Amsterdam im Lied vom Brecht-Friedhof den Namen »Langhoff« auf der Zunge hatte, unterbrach ich. Ich wollte, Geld hin, Geld her, den Holländern die Geschichte dieses Menschen verklickern. Sein Name sollte nicht einfach in der Strophe vorbeifliegen wie Schall und Rauch. Ich erzählte also mitten im Lied vom verrückten Lebensweg des Wolfgang Langhoff. Und meine Hände fingerten dabei auf der Gitarre die Melodie seines Moorsoldaten-Liedes. Ruhig, leise, ein Klangteppich unter meinen Worten.

Und während ich über diesen großartigen Mann sprach, hörte ich plötzlich, dass irgendein Mensch im Saal mitsingt. Die Worte zur Melodie. Das Moorsoldaten-Lied! Schnell erkannte ich, wer es war, auch gegen das Scheinwerferlicht. Es war der vielleicht älteste Kerl im Publikum, den ich schon den ganzen Abend beim Singen immer mal wieder auf dem Radar gehabt hatte. Er saß in der achten Reihe am breiten Mittelgang. Neben ihm seine Alte. Die beiden hockten da Hand in Hand wie ein junges Liebespaar.

Ich rückte mit der Gitarre vom Mikrofon weg, weil ich seine Stimme nicht übertönen wollte. So sang er das ganze Lied. Er krächzte es mit holländischem Akzent:

Wohin auch das Auge blicket
Moor und Heide nur ringsum
Vogelsang uns nicht erquicket
Eichen stehen kahl und krumm

Wir sind die Moorsoldaten
Und ziehen mit dem Spaten
ins Moor …

Auf und nieder gehn die Posten
Keiner keiner kann hindurch
Flucht wird nur das Leben kosten
Vierfach ist umzäunt die Burg

Wir sind die Moorsoldaten …

Es war klar: Der Alte hatte dieses Lied dort gelernt, wo es herkam. Im Konzentrationslager. Alle zweitausend Leute im Concertgebouw hörten diesem Mann gebannt zu. Der Holländer sang leise, mit brüchiger Stimme. Aber er sang die Worte mit feierlicher Entschlossenheit in eine monumentale Stille. Der Saal hielt die Luft an. Ich kannte den Mann nicht, aber manch Zuhörer wusste: Es war Henk Gortzak, ein Orthodoxer in der holländischen KP. Die Situation war fast pathetisch. Anrührend, wie diese Niederländer dem ehemaligen KZ-Häftling zuhörten, und überhaupt kein sentimentaler Kitsch. Und für mich wie ein unerwartetes Lebenszeichen meines lieben Vaters, dem ermordeten KZ-Kameraden.

Was Wunder: Dieser Abend hatte sich für den Mietkünstler Biermann dann doch gelohnt. Der Alte da und seine Zuhörer zahlten mir meine verspielte Gage aus – in einer harten Währung, die nicht so einfach zu verdienen ist: in Seelengeld.

Die beißwütige Barbara

Ein gediegenes Liebesglück vergisst sich leichter als eine verrückte Glückskatastrophe. Wer mitspielt im ewigen Spiel um nur einen Kuss, kann sich oft am schärfsten erinnern an das, was das Herz am tiefsten erschütterte, im Guten wie im Bösen. Es kann der irrsinnlichste Schmerz, es kann eine sinnlose Lustmolcherei sein, die sich im Gedächtnis stärker festkrallt als das gemütliche Auf und Ab zwischen Mann und Frau. Voltaire prägte dazu ein geflügeltes Wort: »Ce qui touche le coeur se grave dans la mémoire.« Und so erging es mir, so grub sie sich mir ins Gedächtnis ein, meine Begegnung mit Barbara.

Wer ein und aus ging im einzigen Ostberliner Künstlerclub »Die Möwe«, der gehörte dazu. Zu was? Zu wem? Ich weiß es nicht. Sagen wir, zum Artisten-Volk. Der Club in der Luisenstraße in Berlin-Mitte war ein kommunistisch umgewidmetes Palais aus der Kaiserzeit, eine zarenbolschewistisch renovierte Kriegsruine. Ein Salon für die Kunst-Nomenklatura, eine Art Insel der privilegierten Sich-zur-Schau-Steller. Abseits gelegen, nahe der verrotteten Brücke, auf der die S-Bahn vom Bahnhof Friedrichstraße westwärts Richtung Tiergarten ratterte. Im Möwe-Club war die DDR-Diktatur wirklich so kommod, wie Günter Grass Jahrzehnte später, nach dem Fall der Mauer, sie den wiedervereinigten Deutschen verkaufen wollte. In der Möwe konnte man in Ruhe rumhängen, aufmüpfig parlieren und gutbürgerlich essen.

Nur: Um an diesen Tischen im ersten Stock zu sitzen, musste man unten reinkommen. Denn wer in diese Sonderwelt für Obere eingelassen wurde, das entschied ein fetter Cerberus. Er kontrollierte an der Garderobe den Club-Ausweis. Die üblichen Verdächtigen wurden durchgewinkt: Deutsche Demokratische Bohème. Auch ganze Halbkünstler passierten als Gast eines halben Vollkünstlers. Da ging manches Kamel durchs Nadelöhr. Schöneren Frauen reichte ihr hübsches Gesicht als Entrée. Und mancher Hallodri mit Berliner Schnauze quatschte und quetschte sich kess durch diese wurschtige Kontrolle.

Der Todesstreifen an der Mauer funktionierte anders. Westberlin war seit dem 13. August 1961 eine verstacheldrahtete Enklave. Die Mauer stand nun schon ein paar Monate wie für die Ewigkeit. In diesem Winter lagen die düsteren Straßen in Mitte kältestarr unter den Tausenden qualmenden Schornsteinen. Die rauchgeschwängerte Braunkohle-Luft war schwer zu atmen, der süßliche Smog aus den Rekord-Briketts legte sich mir auf die Lunge. Auch mein Kachelofen in der Chausseestraße 131 blies den Qualm in den geteilten Himmel dieser Stadt.

Ungewöhnlich tiefe Temperaturen. Auch an diesem Abend lag eine sibirische Kälte über der Stadt, als ich in die Möwe kam. Ich war inzwischen wieder Student der Humboldt-Universität, besaß aber noch den Club-Ausweis aus meinen zwei Jahren als Regieassistent am Brecht-Theater. Meinen Mantel gab ich ab und sprang die knarrende Parkett-Treppe hoch. In der ersten Etage flanierte ich durch diverse Gasträume. Die waren auch eine Art Bühne. Eine feststehende Drehbühne mit verschiedenen Kulissen, durch die lustwandelnd die Schauspieler sich drehten. Eine Fortsetzung des Theaters mit anderen Mitteln, ein Nachspiel nach dem Schlussapplaus. Jeder Gast im Rampenlicht dieser Bühne und verdeckt im dunklen Zuschauer-Parkett zugleich. Schauspieler, Opernsänger, Lebenskünstler. Die Arrivierten stiller als sonst, die verkannten Genies lauter. Hauptdarsteller und Komparsen im Rollentausch. Jeder spielte in dieser improvisierten Möwe-Komödie sich selber. Schlichte Großdarsteller und aufgetakelte Kleindarsteller aus der Volksbühne. Mittelklasse-Mimen vom Gorki-Theater. Die hochmütig bescheidenen Brechtianer aus dem BE im plebejischen Stil des Meisters. Abgeschminkte Gaukler und grell geschminkte Schlagertanten, Tänzer und Musiker der Komischen Oper. Dramaturgen, Drehbuchautoren, Filmleute, Kulturfunktionäre und aufstrebende junge Talente.

Fliegende Händler mit Wortsalat. Geistreiche Geisterbahnfahrer auf dem ewigen Jahrmarkt der Eitelkeiten. Aufmüpfige Schriftsteller und parteifromme Schraftstuller. Ihr gemeinsamer Nenner, im Jargon der Partei: »Kulturschaffende der Deutschen Demokratischen Republik«.

In diesem Theater kamen die Requisiten nicht aus der Requisite, sondern aus der Küche. Der Kellner brachte kein kaschiertes Hühnerbein aus angemaltem Pappmaché, sondern lecker polnischen Gänsebraten mit tschechischen Knedliki. Das ganze »Sozialistische Lager« im Speisen-Angebot. Auf der Karte: die scharfe ungarische Gulaschsuppe, die süßsaure ukrainische Soljanka und der russische Rote-Rüben-Borschtsch mit einem Klacks Smetana. All das schmeckte besser, war aber auch teurer als die plebejischen Klassenkampf-Frikadellen mit Kartoffelsalat in der Kantine von Brechts Mutter Courage auf dem Hinterhof des Berliner Ensemble. Die Dialoge improvisiert. Die Kleidung salopp. Private Dramen, Sketche und Dramolette auf dem Liebesmarkt, alles ohne Regie, ohne Gage. Lecker zubereitete Intrigen, ausgekochte Schmeicheleien. Kabale und Liebe um Engagements und Parteiverfahren, gebratene Partei-Blutwurscht mit Phrasen-Gratin. Gelegentlich wurde im Club sogar ein Empfang gegeben für politisch wichtige Stars aus Ost und West. Die wurden abgefüttert, abgefüllt und von einem Kultur-Kämpfer an der unsichtbaren Front des MfS abgeschöpft.

Weil grad ein Barhocker an der Theke frei geworden war, kletterte ich rauf. Neben mir eine langbeinige junge Frau. Mit abgedeckelten Augenlidern registrierte sie mich. Der erste Blick reicht ja meistens, so oder anders. Bei ihr aber schaute ich zweimal hin: Sie war eine Grazie. Eine marmorne Nymphe. Wahrscheinlich ist sie eine kühle Theatergöttin, dachte ich, vermutlich noch niederen Ranges im Olymp. Auf jeden Fall ein aufreizendes Weib aus Fleisch und Blut. Sie nippte an einem Weißweinglas und redete mit keinem da an der Theke.

Und auch sie, das sah ich im Augenwinkel, schätzte mich en passant noch mal ab, bevor sie mir elegant ihren Rücken zudrehte. Ich konnte aber ihr Gesicht sehen im geschliffenen Spiegel hinter der Flaschengalerie der Bar. Ihre Fassade wie verhangen. Sie hatte die Aura einer Unberührbaren. Das lockte mich und schüchterte ein. Mir stand der Sinn nicht nach Blabla oder Blibli. Ich suchte kein galantes Geplänkel. Und wusste nicht mal, was ich trinken sollte. Am liebsten einen grünen Tee mit Honig. Aber bestellt ein Brecht-Bonvivant ohne Zigarre im Moon of Alabama an der Whiskey-Bar solch ein Gesöff?

Als ich so überlegte, schielte ich noch mal rüber zu der Schönen. Und sah, wie zwei dicke Tränen über ihre gepuderte Wange liefen. Das riss mich hin zu einem unerbetenen Kommentar: »Sie weinen? – Ich weiß gar nicht, wer das mal so treffend formuliert hat: Tränen sind gut, denn sie reinigen das Herz.«

Die Unberührbare zischte: »Mein Herz muss nicht gereinigt werden! Was 'n blöder Spruch! Was 'ne blöde Anmache!«

Als wäre es eine Theaterszene, klopfte ich ohne lange Überlegung auf'n Busch: »Vielleicht muss Ihr Herz nicht gereinigt werden, sondern getröstet …?«

Prompt blaffte sie zurück: »Ich brauch keinen Tröster!«

»Und warum weinen Sie, meine schöne Dame?« – so unoriginell parlierte ich weiter im Dialog. Zu meiner Überraschung spielte sie mit. »Ick bin keene Dame!«, berlinerte sie in aggressiver Lässigkeit.

»Keine Dame …? Wie sympathisch! Eine echte Frau also …« Damit lieferte ich den nächsten Klappsatz.

»Ooch daneben! Ick bin … eene Ballett-Tänzerin anner Komischen.«

»Eine prima Ballerina! Höfischer Spitzentanz mit Berliner Schnauze …, 'ne tolle Mischung!«

»Daran is nix Tolles. Jeden Tag hartes Training. Und jeden Monat wenig Gage. Viel zu wenig für die Schinderei. Und die Konkurrenz ist brutal. Ich hab 'n Angaschemang in der Compagnie. Aber unser Intendant Felsenstein ist ein Theatermensch, der hasst im Grunde die Oper und findet das ganze Ballett überflüssig. Der braucht ooch keenen Choreografen. Det nennt sich ›Realistisches Musiktheater‹. Die Tänzer solln alle gymnastische Schauspielerpuppen werden. Und nu hat der Felsenstein ooch noch unsern Ballettmeister jekündigt. Und hat uns dafür eenen verrückten Pantomimen aus Paris vor die Nase gesetzt. Alle meckern. Ick ooch. Aber alle kuschen. Ich auch.«

Die schöne Marmornymphe war nicht auf'n Mund gefallen. Sie hatte sogar Haare auf den Zähnen! Und redete wie 'ne Berliner Pflanze aus der Markthalle am Alex. Offenbar hatte sie keine zwei Seelen in ihrer Brust, aber auf jeden Fall zwei Zungen im Mund. So was machen nur echte Berliner. Sie springen hin und her in ein und demselben Satz zwischen Hochdeutsch und Jargon.

»Oh«, sagte ich, »Pantomime? Paris? Das kann nur der berühmte Jean Soubeyran sein, den kenn ich ganz gut seit meiner Zeit am Schiffbauerdamm.«

»Für uns isser 'ne Strafe. Der kann überhaupt kein Ballett! Im Gegenteil! Der will uns alle auf Pantomime umerziehn … Ein Leben lang hab ich streng anner Stange geübt – und jetzt solln wir nur noch alberne Pierrot-Verrenkungen und französische Grimassen machen. Der verbraucht die ganze Trainingszeit für seine Pantomimerei. Und ruiniert unsere besten Tänzer! Keen Ballett-Tänzer kann Pantomime werden. Entweder – oder!«

Ich sagte: »Das leuchtet ein. Das würde mich auch ärgern. Und ich vermute, Sie haben recht damit … Von Kurt Weill und Brecht gibt's ein geniales Ballett. Es erzählt die Story von den ›Sieben Todsünden‹ beim Karrieremachen einer Ballett-Tänzerin im Showgeschäft in den USA.«

»Kenn ick nich …«, sagte sie und drehte mir ihren stolzen Rücken zu.

»Ich kann Ihnen mal eine Platte mit Lotte Lenya geben«, sagte ich hastig, »die singt genau das, was so 'ne Tänzerin wie Sie wunderbar tanzen könnte.«

»Du kanns' ruhig Du sagen. Mein Name ist Barbara«, antwortete die kühle Schöne und drehte mir nun doch wieder ihr Gesicht zu. So ganz schien sie auch nicht zu wissen, wohin mit sich.

»Interessanter Name, Barbara. Da denk ich gleich an eine Barbarin und an Jean-Jacques Rousseau. Für den waren die Barbaren die ›edlen Wilden‹. So was gibt's ja selten, eine echte Wilde. Und was sind Sie? Wildwuchs, veredelt an der Ballettstange?«

Nun lachte die fremde Tänzerin zum ersten Mal auf und flapste: »Du sagst wieder Sie zu mir …«

Ich wollte witzig sein: »Natürlich können wir Du sagen, verehrte Madame Barbara. Hauptsache, wir bleiben uns schön fremd!«

Das Eis war gebrochen. Ich entdeckte einen kleinen freien Tisch in einer Nische. Das gefiel ihr, wir zogen um. Eine Flasche Weißwein, die ich bestellte, reichte dicke für uns. Ich kam vor lauter Plapperei kaum zum Trinken. Mein ganzes Leben in Kurzfassung tischte ich ihr auf, die Nazizeit in Hamburg, meine Kommunistenfamilie, meine Judenfamilie. Die Feuernacht »Gomorrha« unter dem Bombenhimmel 1943. Und warum ich kurz nach Stalins Tod und kurz vor dem 17. Juni 1953 allein gegen den Strom der Flüchtlinge von West nach Ost ging. Dass ich am Berliner Ensemble Regie gelernt hatte. Und warum ich nun an der Humboldt-Uni Philosophie und Mathematik studierte. Aber von der Frau, mit der ich seit fünf Jahren wie verheiratet lebte, erwähnte ich Schuft kein Sterbenswörtchen. Und schon gar nicht verriet ich der Tänzerin von der Komischen Oper, dass meine Brigitte die geschiedene Ehefrau von diesem ruinösen Pantomimen bei ihr an der Oper ist.

Ich mäanderte von Thema zu Thema. Sie lehnte sich bequem in den Sessel, schlug ihre schlanken Beine übereinander und hörte mir zu. Vermutlich dachte sie: Lass den Kleinen mal quatschen. Ein spöttischer Blick traf mich zuweilen, und ein Lächeln huschte über ihr Gesicht. Ich hielt ihr einen Vortrag mit allem, was ich am BE gelernt hatte. Die altmodische Stanislawski-Methode: die sentimentale Einfühlung des Schauspielers in seine Rolle. Dagegen Brechts moderne Verfremdungstechnik, damit das Publikum nicht naiv mitfühlt, sondern kritisch mitdenkt. Der Slogan: »Glotzt nicht so romantisch!« Ich dozierte ihr Brechts Bonmot: »Geld macht sinnlich.« Und spekulierte darauf, dass auch sein Kleines Organon für das Theater sinnlich machen kann. So baggerte ich sie an mit dem ABC meines Meisters.

Aber meine Begeisterung fürs Brecht-Theater war ihr wohl nix. »Für Woyzeck von Georg Büchner kannste den ganzen Brecht vergessen«, haute sie mir vor den Latz.

»Das seh ich anders. Aber recht haste, der Büchner wäre unser Shakespeare geworden, wenn er noch bisschen länger gelebt hätte. Und du? Wie lebst du?« Ich wollte irgendwie doch bisschen mehr von dieser Undurchschaubaren erkennen.

»Das interessiert nich. Ich brauch keenen Kümmerer. Besten Dank!«

»Aber warum hast du geweint?«

»Ich hab nicht geweint. Hab nur 'ne Träne abgedrückt. Das is nix. Nur 'n kleiner Liebeskummer. Allet wie im richtigen Leben! Das geht dich nix an.«

»Gewiss«, lenkte ich ein, »das geht mich wirklich nix an.«

»Tenor!«, zischte sie. »Tenor – das sagt ja schon alles. Opernsänger sind für Tänzerinnen eine Falle! Und denn war er auch noch aus'm Westen. Der kassierte seine Gage halb in Westmark und halb in Ost. Bei uns im Osten hat er gesungen, und in Westberlin hat er gelebt. Aber dann der verfluchte 13. August. Die Mauer kam uns dazwischen. Er hat allet hinjeschmissen, von heute auf morgen, nur wegen der Mauer. Det hat er dem Felsenstein int Jesicht jesagt: Er kann nicht singen hinter der Mauer. Er schafft das hohe ›c‹ in ›La Bohème‹ nich mit Stacheldraht um' Hals jewickelt. Seinen Vertrag hat er platzen lassen und ist von heut auf morgen im Westen geblieben. Und singt jetzt fürs halbe Geld anne Oper inner Provinz, in Bielefeld. Ick hätte da vielleicht auch als Tänzerin anfangen können. Aber wie komm ich jetzt noch rüber …? Und außerdem bin ich eben 'n dummet Huhn! Der hat 'ne Frau und zwei Kinder in München. Det hab ick zu spät erst kapiert.«

»Oh, Barbara«, philosophierte ich los. »Ein Mann will eben immer mit allen Frauen – und zugleich immer nur mit einer einzigen.« Und ich dozierte ihr meine billige Binsenwahrheit: Es passiert wie Luftholn. Auf der Straße, inner Kneipe, in der Bahn. Auch in diesem Moment dort in der Möwe. Auf den ersten Blick weiß man Bescheid, ein Wimpernschlag genügt. Ich seh die Kellnerin im Vorübergehn und ordne sie automatisch ein: Die ja! – Die andere da hinten, nein! Mit der da am Tresen möchte ich …, mit der könnte ich …, mit der wäre vielleicht was. Mit der da bloß nich! Und mit manchem Weib, auf Leben und Tod, nie und nimmer! Nicht mit jeder, im Gegenteil: nur mit wenigen! »Und ehe ich ein Krokodil küsse, würde ich mir lieber die Zunge abbeißen. Ehe ich mich mit einem Monster einlasse, würde ich lieber bis ans Ende der Welt rennen. Die Männer sind eben so …«

»Nee, mein Lieber, nich die Männer – alle Menschen sind so. Kannste mir globen: Wir Frauen schätzen die Männer mit genau dem gleichen Blick ab.«

Hm …, nicht schlecht, dachte ich und schmeichelte auf Berlinerisch: »Wenn det so is, na, denn kiek mir ma an!«

Sie lächelte. »Einen wie dich lieber nicht«, sagte

sie, warf ihren Kopf in den Nacken und zog kess eine Augenbraue hoch.

Täuschte ich mich? Mir klangen diese Worte wie eine Offerte. Ich wagte mich weiter vor. Ich erzählte ihr, dass ich ein Dichter sei, der sich einen Liedermacher nennt. »Det klingt ja affig, wie Schuhmacher oder Uhrmacher oder Faxenmacher«, war ihr trockener Kommentar. Aber dann hörte sie sich aufmerksam und mit ernster Miene mein neuestes Gedicht über die Mauer an.

Berlin, du deutsche deutsche Frau
Ich bin dein Hochzeitsfreier
Ach, deine Hände sind so rauh
Von Kälte und von Feuer
Ach, deine Hüften sind so schmal
Wie deine breiten Straßen
Ach, deine Küsse sind so schal
– ich kann dich nimmer lassen.

Ich kann nicht weg mehr von dir gehn
Im Westen steht die Mauer
Im Osten meine Freunde stehn
Der Nordwind ist ein rauher
Berlin, du blonde blonde Frau
Ich bin dein kühler Freier
Dein Himmel ist so hundeblau
– darin hängt meine Leier.

»Nicht schlecht«, nickte sie. »Schön altmodisch mit der Leier, die im Himmel hängt …«

Und ich – nicht, um sie ins Bett zu zotteln, wie mancher jetzt vielleicht denkt, nein, vielleicht noch schlimmer: aus Eitelkeit, auf die bei jedem Künstler Verlass ist – schlug ihr vor, ihr das Lied zur Gitarre vorzusingen. »Aber das geht nur bei mir zu Hause, nicht weit von hier, um zwei Ecken.«

Warum? Ich weiß es nicht, aber sie war einverstanden. Ich bezahlte den Wein. Wir holten unsere Mäntel aus der Garderobe, liefen die Reinhardtstraße runter, vorbei an der Probenbühne des BE, dann links die paar Schritte die Friedrichstraße hoch.

Mein Kachelofen schön warm. Wir setzten uns in die Küche. Ich stimmte die Gitarre – Plim-plim, Plim-plim – und sang ihr mein Lied im romantischen Heine-Ton. Sie war schwer beeindruckt, wie sie ja sollte. Will sagen, wie ich es wollte. Ich war in meinem Element und fühlte mich sicher in meiner Höhle. Ich legte noch paar Lieder nach und beobachtete dabei die kühle Distanz, mit der sich die schöne Unnahbare die Lieder anhörte. Schließlich applaudierte sie mir mit einem warmen Lächeln und sagte: »Es ist spät. Ich muss jetzt nach Haus. Raus nach Buch.«

Ich legte die Gitarre beiseite. »Nach Buch? Ist das überhaupt noch Berlin? So weit draußen? Aber doch nicht in dieser Kälte!« Und knödelte die Phrase: »Baby it's cold outside …« Sie spottete: »Yes, baby, ich komm schon nach Haus …«, und stand auf. Ich half ihr in den Mantel. »Hör zu«, sagte ich, »das is doch nu albern, ich hab 'n Auto. Das steht hier direkt vor der Tür. Mein Volkswagen. Ich fahr dich schnell raus, den Weg nach Buch kenn ich.«

»Du bist aber ein Kavalier!«

»Nee, ich bin müde …«

Sie fand es wahrscheinlich einfach bequemer, und ich hatte mich damit abgefunden, dass ich für diese Unantastbare nur den Chauffeur machen durfte.

Die klirrende Kälte. Der Motor sprang an. Ich drehte die Heizung auf. »Wir fahrn die Greifswalder nach Weißensee hoch«, sagte ich. Doch die Eigenwillige bestand darauf, mir den Weg zu weisen. Die Prenzlauer nach Pankow, dann die Abbiege nach Karow über die Bucher Straße. Ganz schön weit … Es dauerte. Und weil wir schwiegen, dauerte es doppelt. Mir fiel auch nichts mehr ein, was ich hätte erzählen können. Ich konzentrierte mich auf die Fahrt über eisglatte Straßen. Wir kämpften uns vorbei an den Schneebarrieren. Als wir vor der Stadt die Karower Teiche passierten, war das schon Sibirien. Biermann, dachte ich, was machst du hier mitten in der Nacht? Bist du blöd geworden? Die Frau ist kalt wie die Schneeberge draußen, und du kutschierst sie hier wie ein braver chaud-lapin, der nix Besseres zu tun hat.

Wir überquerten die Autobahn, Berliner Ring. Sternklarer Himmel ohne Mond. Als wären die Kälten des Weltraums bis nach Berlin gesunken.

Das Ende der Welt. Kein Haus, keine Beleuchtung. Dann rechts was Schwarzes, ein Wald. Ich lenkte angespannt durch die Dunkelheiten. Auf einmal sagte sie: »Halt mal kurz an, bitte. Fahr 'n Stück rein in den Weg hier. Ich muss mal kurz …, du weißt schon.«

Ich machte, wie ich sollte. Wir kamen nicht weit, die Räder rutschten im Schnee. Ich stellte den Motor ab. Doch statt auszusteigen, drehte meine Tänzerin sich plötzlich rüber zu mir. Sie gab mir einen scheuen Kuss. Ihre Lippen weich und warm. Ich machte die Scheinwerfer aus.

Wir zogen uns gar nicht groß aus. Wir kletterten auf die Rückbank, ich klappte die Sitzlehnen nach vorne, so hatten wir bisschen Platz in dieser Konservendose … – das war schon fast Akrobatik. Meine Kühle wurde immer heißer. Die schönste Hölle unterm Himmel im Volkswagen. Ihr wohltrainierter Körper geschmeidig, sie roch so gut! Meine blöden Vorträge über Brecht & Co hatten mit kleiner Zeitverzögerung offenbar doch gewirkt. Oder waren's die Lieder?

Und plötzlich biss diese Barbarin mir in die Lippe. Heftig biss sie. Ich schrie auf, und wurde gleich besänftigt mit einem leidenschaftlichen Kuss. Doch danach biss sie mir tief in die nackte Schulter. Ich grunzte mit zerbissenem Wolfs-Maul: »Du willst mich wohl fressen!« – »Genau!«, lachte sie und biss mir ins Ohrläppchen. Ich weiß nicht mehr, wie lange wir uns ineinander verknüllten, verhakelten und uns verschlangen. Sie zerbiss mich von oben bis unten. Und als der letzte Kuss verbissen war, stellte ich die Scheinwerfer wieder an und sah: Alle Fensterscheiben rundrum im Auto waren weiß. Es hatte sich eine dicke Schicht aus Eis von innen auf alle Scheiben gelegt. Draußen zwanzig Grad minus, drinnen der heiße Atem. Eine physikalische Zauberei aus dicken Eisblumen.

»Du bist keine Frau, du bist ein Tier«, stöhnte ich noch wie im Rausch. Aber mein Beißtier war schon wieder abgekühlt. »Ich muss jetzt los«, sagte sie. »Ich kenn mich aus hier. Meine Mutter wartet. Es ist nicht mehr weit. Ich lauf jetzt nach Haus.« Sie krallte sich ihren Mantel, stieg raus in die eisige Nacht und schlug die Wagentür zu. Ich riss meine Tür auf und sprang raus. Im Scheinwerferlicht sah ich nur noch ihre eleganten Beine durch den Schnee davonstaksen. Wie in einem Traum verschwand sie im Dunkel, verschluckt von der Finsternis.

Von Barbara blieb mir nichts als ein paar verwackelte Traumbilder. Ein wollüstiger Schrei im Ohr, zerbissene Küsse auf der Haut. Die paar blauen Flecken waren schnell verschwunden, der böse Biss in die Lippe verheilt. Ich sah sie nie wieder. Aber die Erinnerung an diese Raubtiernummer, an die beißwütige Barbara, grub sich mir ein wie sonst keine Umarmung, tief ins Gedächtnis.

Ballade von der beisswütigen Barbara

Sie hat mich beim Küssen gebissen aufs Blut
Sie biss mir nicht nur den Mund
Und wie ich auch schrie – da lachte sie nur
So kam ich
  so kam ich
    der Wolf kam
      auf den Hund

Die Wunden sind lange ausgeheilt
Mich liebt jetzt die sanfte Marie
Doch wenn ich Marie im Arme halt
Dann denk ich
  dann denk ich
    dann denk ich
      – nicht an Marie

Zwei Selbsthelfer

Gelegentlich markiert der Name den Menschen. Und manchmal passt er sogar wie die Faust aufs Auge. Manfred Krug war wirklich so eine Art Krug. Im Innern wie im Äußern: ein bauchiges Gebrauchsgefäß mit griffigem Henkel. Will sagen, ein vielseitig brauchbarer Mensch. Mal Wasser-Krug, mal Bier-Krug, mal Milch-Krug, mal Wein-Krug. Aber Freund Krug war keine trübe Tasse, war nie ein goldener Becher, schon gar kein Pokal. Manne war der kumpelige Typ des handfesten Plebejers. In der ersten Hälfte seines Ostberliner Schauspielerlebens blieb dieser Krug sich treu – und wurde auch keine Karaffe, nachdem er in den Westen abgehaun war. Ob im Film, im Fernsehn oder auf der Bühne – genau wie in seinem privaten Leben –, stets war dieser ganze Kerl das, wofür Goethe ein treffendes Wort in Gebrauch nahm: »Selbsthelfer«.

Dem Sturm-und-Drang-Goethe hatte die Lebensgeschichte eines legendären Raufbolds und Raubritters imponiert. Im Affekt seiner Generation, gegen die Vernünftelei der Aufklärer, bewunderte Goethe den brachialen »Leck mich am Arsche«-Götz von

Berlichingen in den Wirren des schwäbischen Bauernkrieges. Der junge Dichter schwärmte für diesen Haudegen mit der eisernen Hand: »Die Gestalt eines rohen, wohlmeinenden Selbsthelfers in wilder anarchischer Zeit erregte meinen tiefsten Antheil.«

Auch Krug war roh in wild anarchischer Nachkriegszeit. Aber zugleich fast feinsinnig. Seine Schaufel-Hände erstaunlich geschickt. Er hatte im VEB Stahl- und Walzwerk Hennigsdorf beim Vater, dem Eisenhütten-Ingenieur, eigentlich Stahlkocher werden sollen. Aber ihn zog es nach Berlin, wo anderes und sehr anders gekocht wurde.

Beide Anfänger, so trafen wir uns zum ersten Mal auf dem Hinterhof des Berliner Ensembles, im Frühjahr 1957, im Theater-Biergärtchen mit dem poetischen Namen »Garten des Azdak«. Das waren paar wacklige Gartenstühle und Knicktische und zwei Sonnenschirme. Keine Bedienung, man holte sich alles selber hoch aus dem Kantinenkeller. Der Schauspiel-Eleve Krug ein Bier mit Bulette, Regieassistenz-Eleve Biermann trank eine Berliner Weiße mit Waldmeisterschuss. Uns verband: Wir spielten beide passabel Gitarre und schummelten uns mit nur sechseinhalb Griffen flott durch die Welt.

Manfred und ich waren nicht nur so gut wie gleich alt. Wir kamen beide aus dem Westen. Er war 1949 mit seinem Vater in die DDR übergesiedelt, ich war 1953 alleine gegen den Strom der Millionen Flüchtlinge gen Osten geschwommen. Uns verband auch, dass er 1944 die Royal-Air-Force-Bomben der »Operation Hurricane« in Duisburg überlebt hatte und ich das Inferno der »Operation Gomorrha« 1943 in Hamburg. Unser beider jüdischer Herzensbruder, Jurek Becker, war ein todtrauriger Bruder Lustig, der das Ghetto Łódź überlebt hatte. Auch bei ihm kreuzten sich in all den Ostjahren gelegentlich Manfreds und meine Wege. Wir drei Einzelexemplare passten ganz gut zusammen. Und waren untereinander ohne Falsch. Und jeder machte sein Ding.

Im Laufe der folgenden Jahre wurde aus dem Krug *der* Krug. Seit dem DEFA-Film »Auf der Sonnenseite« war er ein Star. Und ich wurde mit meinen Liedern und Gedichten allmählich *der* Biermann. Noch eine pikante Gemeinsamkeit: Wir fuhren beide in Ostberlin einen Westwagen. Ich den kleinen Käfer. Und Krug, der gehobene Autoliebhaber, fuhr einen dicken Mercedes. Den hatte, schon auf dem Sterbebett, seine liebe Oma im Ruhrgebiet ihm, mit List und Liebe, noch schnell gekauft, damit ihr Enkel das Wirtschaftswunder-Auto sogleich als sein Erbe, elegant mit Sondergenehmigung, in die DDR einführen konnte.

Der geräumige Kofferraum seiner Protz-Karosse erwies sich eines wirklich schönen Tages als ein praktischer Luxus. Meine Mutter Emma war zu Weihnachten nach Ostberlin gekommen. Am Nachmittag besuchten wir die Krugs. Emma hatte unserem Freund einen original hamburgischen Kopfdeckel mitgebracht, wie ich neuerdings trug. So 'n Teil wollte Krug unbedingt auch haben. Ein flacher »Elbsegler«, zünftiger Schick der Hafenarbeiter, der Schauerleute und Ewerführer, eene Schippermütz. Dermaßen Proletiges würde niemals ein feiner Segelboot-Schiffer auf der Außenalster tragen.

Für den Abend waren Manfred und seine Frau Ottilie mit den Eltern zum obligaten Weihnachtsessen in Hennigsdorf verabredet. Schade, schade: Nur zwei Kilometerchen hinter der fast unsichtbaren Grenze zwischen Ostberlin und der normalen DDR. Gemäß dem Viermächtestatus wurde diese Extra-Grenze aber bei manchen politischen Gelegenheiten scharf kontrolliert. Nur mit einem Berliner Tagespassierschein durften Besucher aus'm Westen da nicht durch. Typisch Selbsthelfer Krug, aber typisch auch meine kesse Alte: Emma Biermann kletterte in den Kofferraum. Manfred, die schicke Mütze auf seiner Halbglatze, breitete einen dicken Schafspelz-Mantel über meine kleine Mutter. Ein diebisches Vergnügen! An diesem Abend wurde viel erzählt, viel gelacht. Emma lieferte uns tolle Geschichten vom gescheiterten Hamburger Aufstand und von Teddy Thälmann mit der Schiffermütze, der im Oktober 1923 in Wahrheit gar nicht mitgekämpft hatte. Und dafür kriegte unsere Emma was ab vom Deutschen Demokratischen Gänsebraten mit Rotkohl aus der LPG.

Krug war kein Schwärmer. Er hatte den Geist des Geldes auch im Sozialismus begriffen, und er verstand was von Menschen. Er sah die Welt mit skeptischem Wohlwollen, und er vergaß in keinem Moment das eigene Wohl. Das sozialistische Moralgebot hieß: Wir sind alle gleich im Paradies der Arbeiter und Bauern. Einmal, weiß nicht mehr in welchem Jahr, lud der populäre Schauspieler und Sänger alle Freunde in seine großbürgerliche Marmor-Villa in Pankow ein. Der fröhliche Grund für das Fest: Er sei jetzt Millionär! Wie unanständig! Aber das genau war seine Art, gegen die heuchlerische Bescheidenheitsideologie im Realsozialismus zu provozieren. Widerspenstig gegen die Zumutungen der Obrigkeit waren wir beide. Aber aus sehr verschiedenen Motiven: Ich hasste sie als Verräter an den Ideen der Revolution, er aber verachtete die Piefigkeit der Mächtigen.

Manfred war eben anders aufgewachsen. Er hatte nie den kommunistischen Knall im Kopf gehabt wie ich. Ihn quälte nie meine eingeborene Hybris im Herzen. Er wollte vielleicht mal einen Menschen retten, aber nie die Menschheit. Er war kein Träumer, sondern ein realistisches Schlitzohr mit Ganovenehre. Solch ein Selfmade-Egoist verkörperte in der egalitär getünchten Erziehungsdiktatur eine fast schon subversive Tugend.

Krug, dieser begnadete Gaukler, lieferte uns bei günstigster Gelegenheit eine umwerfende Show. Es war an einem 15. November, meine Geburtstagsfeier in der Chausseestraße 131. Wie immer: ein

Getümmel guter Freunde. Berühmte und Unberühmte – ein extrem bunt gemischtes Völkchen aus Ost und West. In dieser komischen Sternstunde erzählte uns Krug seinen neuesten Coup. Er spielte filmreif eine Begebenheit und bewies seinem Konkurrenz-Kollegen, dem Commedia dell'arte-Genie aus der Volksbühne, dem Gaukler Rolf Ludwig, was ein echter Witzbold ist.

Manfred war in seinem West-Mercedes unterwegs gewesen nach Pankow, die Schönhauser Allee hoch. In Höhe des schon lange gestorbenen jüdischen Friedhofs wurde er von einem kleinen Einsatzkommando der Verkehrspolizei an einer ambulanten Kontrollstelle aus dem Verkehr gewinkt. Zwei, drei andere Autofahrer hatten dort auch grade anhalten müssen, wer weiß warum. Vielleicht eine ganz normale Geschwindigkeitskontrolle.

Ein junger Genosse der Volkspolizei lenkte den Mercedes mit der Stoppkelle an den Straßenrand. Manfred kurbelte die Fensterscheibe langsam runter und fragte genervt: »Was gibt's?! Hab ich was verbrochen?!« Der Vopo befahl: »Ausweis! Aussteigen!« Krug langte Perso und Lappen raus, blieb aber sitzen. Der Vopo forderte aggressiver: »Steigen Sie sofort aus!« Aber Manne tat nicht, wie er sollte. Er lehnte sich mit der Schulter an die Tür und blieb sitzen. Da riss der Polizist die Wagentür auf. Und der Bürger Krug ließ sich, in der Manier eines Stuntman, auf die Straße runterkugeln, direkt vor die Füße des

Ordnungshüters. Diesen Jux wollte er sich machen. So wie normalerweise die angesoffenen Autofahrer Nüchternheit vortäuschen, spielte der stocknüchterne Mime nun den Besoffenen.

Dann richtete Manfred sich mit gespielter Mühsamkeit wieder zu seiner imposanten Größe auf und lehnte sich lässig an den Mercedes. Der kleine Polizist baute sich dicht vor ihm auf. Er stellte sich auf die Zehenspitzen, wippte auf und nieder und verschränkte seine Hände auf dem Rücken. Von unten herauf, als wäre es von oben herab, herrschte der Zwerg im preußischen Pluralis Majestatis den Riesen an: »Was haben *wir* denn getrunken?« Krug grollte: »*Wir? Wir* beide haben noch nie irgendwas getrunken! Ich bin eben aus dem Wagen gefallen, weil *Sie* die Tür so unhöflich aufgerissen haben!«

»Komm' Se ma mit!« Krug tappte brav paar Schritte hinter dem Vopo zum parkenden Polizei-Barkas. Und als die beiden genügend weit von den Genossen des Ordnungshüters entfernt waren, stoppte Krug. Er neigte sich zu dem Kleinen runter und flüsterte seinem falschen Freund und Helfer ins Ohr: »Du bist eine Fotze! Eine kleine dumme Fotze! Eine stinkende Fotze! Eine Fotze!«

Der junge Mann schnappte nach Luft. Er rannte mit Krugs Ausweis und Fahrerlaubnis zu seinem Vorgesetzten: »Genosse! Der Bürger hat zu mir ein … Wort … gesagt!«

»Ein Wort? Was hat der Bürger gesagt?«

»Der Bürger Krug hat zu mir F… gesagt.« Er brachte das Wort nicht über die Lippen. Krug schlenderte die paar Schritte zu den Polizisten zurück und fragte im Tone der Unschuld: »Was soll ich gesagt haben?«

»Sie!«, schrie der Vopo. »Sie haben! zu mir! F…«

Der Vorgesetzte fragte scharf: »Genosse Unterwachtmeister, was hat der Bürger Manfred Krug zu Ihnen gesagt? Kommen Sie zur Sache!«

Der junge Mann schnappte nach Luft, er krächzte wie ein Gewürgter: »Genosse Hauptwachtmeister …!« Er keuchte jedes Wort einzeln aus. »Ich … muss … Ihnen … melden …, der Bürger … hat … zu … mir … F…«

Krug knurrte mit tiefer Stimme: »Was soll ich zu Ihnen gesagt haben, Genosse?? F…?? F…? Was soll das bedeuten??«

Der junge Mann in Uniform drehte durch. Er brüllte wie von Sinnen: »Foooootze!!!«

Krug mimte den Entsetzten. Fast väterlich besorgt fragte er: »Wie bitte …?«

»Fooooootze!«, kreischte es wieder aus dem gequälten Vopo heraus.

Filou Krug schüttelte den Kopf. »F…! Solch ein Wort würde mir nie über die Lippen kommen. Ich denke, Genosse Offizier, Sie müssen Ihren jungen Genossen mal darüber aufklären, dass ein Bürger der Deutschen Demokratischen Republik wie Manfred Krug so was Schmutziges wie Fotze niemals in den

Mund nehmen würde! Ich glaube, der junge Genosse Verkehrspolizist braucht keinen Politunterricht. Er braucht dringend psychologische Hilfe …«

Der Offizier riss seinem Untergebenen die Papiere aus der Hand, übergab sie und salutierte: »Bürger Krug, Sie können weiterfahren!«

Natürlich amüsierten wir uns alle wie Bolle über diese Verarsche der Obrigkeit. Wir kreischten und johlten und hielten uns die Bäuche vor Lachen. Krug genoss unser Entsetzen und sonnte sich in unserem Entzücken. Er hatte mit seiner Anekdote ein Kabinettstückchen geliefert. Womöglich hatte der ausgebuffte Komödiant auch bisschen übertrieben, mag sein. Aber welcher DDR-Bürger wagte schon solche Eskapaden! Unsere haltlose Begeisterung war ein wenig hysterisch, sie roch nach der lähmenden Angst der gelernten Untertanen. Ich jedenfalls hätte nie den Mut gehabt, einen uniformierten Erzengel der Staatsmacht dermaßen gefährlich zu foppen. Schon gar nicht zu reden von westdeutschen Autofahrern. Wenn die von DDR-Staatsorganen in Ostberlin kontrolliert wurden, dann waren sie meistens nicht nur besonders kleinlaut, sondern lächerlich devot. Die rochen Unter den Linden schon den Wind aus Sibirien.

Ein tapferer Draufgänger und selbstbewusster Selbsthelfer war auch mein Freund Robert Havemann. Bis 1963 war er Mitglied der Volkskammer der DDR.

Und das garantierte ihm etliche Vorrechte. Die Abgeordneten hatten zwar nichts zu sagen, weil das Parlament ja kein Parlament war, aber sie genossen formal die »Immunität«. Von dieser Unantastbarkeit muss man wissen, um eine seiner Lieblings-Anekdoten zu begreifen: Als die Volkspolizei ihn angehalten hatte, weil er mal wieder zu schnell gefahren war, drehte er in seiner »Wolga«-Limousine die Scheibe runter. Ein Cognac-Duft stieg den Beamten in die Nase. Robert zeigte den Volkskammer-Ausweis vor. Und im fröhlichen Übermut seiner Vorrechte lüftete er den Fuchspelz seiner Begleiterin. So gewährte er den Genossen einen Blick auf das nackte Zentralorgan seiner Sekretärin. Dann gab der Angeber Gas, und weg war er. Wegen solch kleinerer Eskapaden wurde Havemann all die fetten Bonzen-Jahre nicht behelligt. Als er später zum prominenten Staatsfeind wurde, wendete sich das Blatt.

Robert lebte in seinem Häuschen am Möllensee im Osten von Ostberlin, im Örtchen Grünheide. Und weil er ein netter Gastgeber war, kutschte er seine Besucher oft genug und gerne mit dem Auto die acht Kilometer nach Erkner, zur Endstation der S-Bahn. Manchmal sogar noch zwei Stationen weiter Richtung Berlin, denn einige Züge fuhren nicht so weit raus, sodass die Rückfahrt nach Berlin erst vom Bahnhof Rahnsdorf möglich war.

An diesem Abend, Ende April 1966, chauffierte Robert ein junges Liebespaar mit seinem neuen

Trabant-Kombi noch die paar Kilometer weiter. Fürstenwalder Allee, Richtung Wilhelmshagen. Das war eine lange und schnurgerade Landstraße. Links Kaserne Kaserne Kaserne, rechts Wald Wald Wald. Und kein Verkehr mehr gegen Mitternacht. Aber von hinten raste plötzlich ein Auto heran. Es hupte sich schon von weitem mit brüllenden Lichtsignalen den Weg frei. Der letzte Schrei: superhelle Blendlichter, das konnten nur die tollen neuesten West-Scheinwerfer sein.

Robert war ein resoluter Autofahrer – er ließ sich nicht gern, schon gar nicht so aggressiv, über den Rückspiegel in die Augen stechen. Also fuhr er sein normales Trabi-Tempo weiter. Er verlangsamte noch bisschen. Dabei blieb er – schön stur stur stur – in der Mitte der Straße. So versperrte er dem Verkehrsrowdy mit dem Brüllaffengeblinke den Weg. Diesem Armleuchter mit seinen Westleuchten wollte der taffe Havemann ein Licht aufstecken, 'ne kleine Lektion! Womöglich war das des Professors déformation professionnelle. Ein Universitätslehrer wie Robert ließ sich nicht gerne von irgendeinem Angeber, auch nicht im Straßenverkehr, belehren. So tuckerte er mit seinem Zweitaktmotor beharrlich bei schlappem Tempo siebzig die Landstraße runter.

Der andere aber ließ sich offenbar auch nicht gerne belehren. Er hupte wutgewaltig mit zweistimmigen Signalhörnern in die Nacht. Als das auch nicht wirkte, versuchte er mal links, mal rechts, halsbrecherisch über den Seitenstreifen der schmalen Straße an dem Trabi vorbeizupreschen. Robert aber hielt gelassen dagegen. Wenn dieser Angeber hinter ihm links oder rechts vorbeirauschen wollte, lenkte Robert seelenruhig bisschen nach links, dann bisschen nach rechts. Ein gefährliches Spielchen.

Die Situation eskalierte ins Mörderische. Der Hintermann drehte offenbar durch. In seiner Wut fuhr er seinen stärkeren Wagen so dicht an den Trabi heran, dass er Roberts Pappkiste anbuffte und vor sich her schubste. Mit seiner überlegenen Motorkraft beschleunigte er sogar noch, immer wieder Stoßstange an Stoßstange. So viel Physik war dem Havemann bekannt, dass ihm klar war: Dieser Wettkampf war nun lebensgefährlich geworden. Da er sich für den Klügeren hielt, gab er nach. Er blinkte. Lenkte ein, auf die rechte Seite der Fahrbahn. Der andere Wagen überholte. Aber statt vorbeizupreschen und weiter Richtung Berlin, bremste der Mensch abrupt und brachte seine Kiste, wie in einer Verfolgungsjagd im Hollywood-Gangsterfilm, quer zur Straße zum Stehen. Robert latschte auf die Bremse.

Aus dem Mercedes sprang die Silhouette eines riesigen Kerls. Der raste im Kegel der Scheinwerfer auf den Trabi zu. Robert legte den Rückwärtsgang ein, drehte sich nach hinten und gab Gas … – aber um vielleicht zwei Sekunden zu spät. Der Wüterich erwischte den Griff. Er riss mit der Linken die Tür des Pappautos auf. Dann schlug er mit der rechten Rückhand einmal kräftig ins dunkle Innere. »Arschloch!« Nach diesem lehrreichen Befreiungsschlag stieg der Mann lässig wieder in sein Auto und zeigte Robert, schön rot, seine schwindenden Rücklichter.

In jener Nacht klingelte mich das Telefon aus dem ersten Schlaf. Den vertrauten Ton der Stimme meines Freundes Robert konnte ich erkennen, aber seine Worte nur schlecht verstehn. Es mümmelte so stockend: »Wolf, es ist schrecklich …« In kurzen Sätzen informierte er mich über sein Abenteuer. Er habe die jungen Leute trotzdem noch nach Rahnsdorf gebracht. Aber jetzt gehe er rüber zum Nachbarn. Den Erich Häsler könne er auch um diese Zeit noch aus dem Bett klingeln. Der alte Zahnarzt hatte bei sich zu Haus im Keller eine behelfsmäßig eingerichtete Notfallpraxis für private Fälle. Robert sagte: »Der kann mir meine eingeschlagene Visage vielleicht retten … Und Wolf, bitte … kein Wort über all das zu andern! Kein einziges Wort!« Natürlich gab ich ihm mein großes Pionier-Ehrenwort und hielt mich auch die folgenden Jahre daran. Nichts von diesem Kladderadatsch geriet in die Öffentlichkeit. Wir hatten kein Interesse daran, dass unsere Freunde bekümmert den Kopf schütteln, und schon gar nicht wollten wir, dass unsere Feinde sich schieflachen.

Havemann legte auf. Und ich riss den Hörer gleich wieder hoch. Ich wählte die mir vertraute Nummer:

»Hallo Ottilie, hab ich dich hoffentlich nicht aus'm Schlaf gerissen?«

»Nee, nee, ich bin noch wach«, antwortete sie munter. »Ich warte ja auf meinen Manfred. Der muss jeden Moment mit dem Auto nach Hause kommen, von einem Konzert mit Uschi Brüning, die hatten heute in Frankfurt 'ne Mucke mit Uli Gumpert.«

»Aha! Frankfurt …? Hoffentlich Frankfurt am Main …«

Sie kicherte: »Mensch, Biermann! Anner Oder natürlich, immer schön brav anner Oder.«

Robert hatte den Wutbolzen im Scheinwerferlicht also richtig erkannt. »Na dann …«, sagte ich, »dann grüß mal Manne schön von mir! Und erzähle ihm 'ne interessante Neuigkeit: Der Mann in dem Trabi, dem er grad eben die Zähne ausgeschlagen hat, das war mein Freund Robert Havemann …«

Und wie hat damals in Ostberlin Selbsthelfer Nummer eins auf Selbsthelfer Nummer zwei reagiert? Robert hat nirgendwo und nie wieder ein Wörtchen über die ganze Geschichte verloren. Nicht einmal mir gegenüber. Diese peinliche Geschichte war tabu. Wie gut, dass ich mir damals in mein Tagebuch die authentische Pointe von Manfred Krug notierte. Fragen können wir den schlagfertigen Freund leider nicht mehr. Aber nach einem halben Jahrhundert sind mir diese knappen Worte eine willkommene Rückversicherung für mein Gedächtnis:

Manfred Krug hat in der Dunkelheit einen Trabantfahrer, der ihn durch unverschämte Fahrweise geärgert hatte, gestoppt, die Tür des Trabanten aufgerissen und einmal kurz mit dem Handrücken reingelangt – seitdem fehlen Robert Havemann drei Vorderzähne. Ein Zufall. Krug erklärte danach, es tue ihm nicht leid, zugeschlagen zu haben, sondern nur, daß es Havemann gewesen war.

Wolf, die Ratte

In den ersten Jahren nach der Ausbürgerung 1976 fühlte ich mich wie der heimatlose Sänger im Gedicht von Friedrich Hölderlin, wie der einsame Poet im Turmzimmer über dem Neckar. Von Fremden zu Fremden war auch ich geraten. Von Ost nach West, von meinen echten Feinden in der DDR-Diktatur zu allerhand falschen Freunden in der Bundesrepublik Deutschland. Mir war, als hätte der arme Hund Hölderlin seine göttliche »Ode an den Main« extra für mich im deutsch-deutschen Exil gedichtet: Denn die Erde, die freie, sie musste ja, leider! statt Vaterlands auch mir dienen. Diese melancholischen Verse leuchteten mir in einem ganz neuen Licht. Und die Sonne der Demokratie wandelte auch mir die Seufzer in Gesänge.

Anfang der achtziger Jahre war ich bei Gelegenheit einer Tournee in die Stadt Frankfurt geraten. Da ich vor dem Folgekonzert in Heidelberg noch einen ganzen freien Tag hatte, blieb ich lieber bei meinem neuen Freund Jochen Martini. Ich wollte die Zeit nutzen und, was Wunder, spazieren zum Ufer des

Flusses. Ich kannte den Main noch nicht, genauso wenig wie Frankfurt. Viel vertrauter als die fremde Stadt der Franken an der Furt war mir jedoch schon in Ostberlin an der Spree mein Lieblingspoet, auch seine Ode an den Main.

Martinis Dachkammer-Bude war mir lieber als jedes noble Hotel. Ich konnte mit diesem linksalternaiven Westmenschen munter ins Tiefere gehen und vergnügt in die flachere Breite. Der unchristliche Chor-Guru der Frankfurter Jungen Kantorei verstand mehr von Musik als ich, ihn interessierten an meinen Liedern besonders die Kompositionen.

Jochen demonstrierte mir mit dem Plattenspieler Dietrich Fischer-Dieskaus Technik des Rubato bei Robert Schumann. Und lachte mich aus: »Mensch, Biermann, du bist ein Naivling! Grade du meisterst doch das raffinierteste Rubato. Das machst du automatisch wie das Luftholen. Du verzögerst wie ein Romantiker als Sänger im Kontrapunkt den Rhythmus deiner Gitarre. Der Daumen spielt stabil die Eins auf den drei Bass-Saiten E-A-D. Deine Stimme aber lässt sich sentimental hängen. Und den drei hohen Saiten G-H-E geht dann diese Masche auf die Nerven. Deshalb drängen sie ungeduldig vor die Eins. Eine Art Kontra-Rubato. Und der Streit dieser drei Rhythmen bedeutet: Biermann, lass dich nicht so rührselig hängen! – Ja, Bach!«, lachte Jochen. »Der braucht solche romantischen Mätzchen nicht. Der berührt uns auch ohne solche Eskapaden.«

Musikus Martini und mir reichten zwei Glas Rotwein am Abend und eine Packung Salzstangen zur Lösung aller Probleme der Menschheit. Mit ihm war gut reden, ich sprach mit ihm aber lieber über Musik als über Politik. Es war mein inzwischen siebentes West-Jahr. Ich hatte endlich Hannah Arendt tiefer verstanden: Ich konnte nicht länger meinem kommunistischen Kinderglauben die Treue halten. Ich wagte den Bruch und wurde ein guter Renegat wie Manès Sperber, ein treuer Verräter wie Arthur Koestler. Mit Martini stritt ich über den Irrglauben an die murxistische Endlösung der sozialen Frage in einer klassenlosen Gesellschaft ohne jegliche Ausbeutung, ohne jegliche Unterdrückung, ohne jegliche Heuchelei. Wir redeten darüber, warum der kluge Karl Marx so simpel war, dass er nie auch an sich selber zweifelte – obwohl doch sein Lebensmotto hieß: »De omnibus dubitandum.« Unser Wahlspruch hingegen sollte eine Umdrehung tiefer das dicke Brett bohren: »An allem ist zu zweifeln – auch daran!«

Wir durchschauten in Ernst Blochs Prinzip Hoffnung den Abgrund der Hoffnungslosigkeit. Georg Büchner und Bert Brecht galten uns zusammen als ein deutscher Shakespeare. Hanns Eisler und Kurt Weill unser Schubert. Von Jochen schnappte ich den Spottnamen der Frankfurter Spontis für ihre Stadt auf: »Krankfurt«. Er selbst nannte sich einen Freund des Philosophen Adorno, bei dem er an der Goethe-Universität Vorlesungen gehört hatte. Mich nervte

Adornos Verdikt: Nach Auschwitz ein Gedicht zu schreiben, sei barbarisch. Darauf beharrte ich: Barbarisch konnte nur sein, ein schlechtes Gedicht über Auschwitz zu schreiben.

Wir stritten über Stalins Hochzeit mit Hitler. Auf diesem Terrain sah ich in ihm den Naivling. Wie wäre der Zweite Weltkrieg ausgegangen, wenn Adolf Hitler kein fanatischer Judenfresser gewesen wäre, sondern ein kommoder Antisemit, so wie im Ersten Weltkrieg der dumme Wilhelm II.? Was, wenn der Führer die deutschen Juden im Zweiten Weltkrieg als Kanonenfutter akzeptiert hätte? Was, wenn er die strammen jüdischen Patrioten als Soldaten und Offiziere in die Wehrmacht aufgenommen hätte? Wir gerieten immer höher in den tieferen Sumpf. Hätte, hätte, Lichterkette. War alles unvermeidbar? Ein vorherbestimmtes Schicksal? Was ist menschengemacht am Schicksal? Mir wurde schwindlicht bei diesen ostwestlichen Prophetereien ins Nachhinein.

Immerhin: Johann Sebastian Bach war immer der Gott, auf den wir Gottlosen uns schließlich einigen konnten. Die Kantate Nr. 21 – »Ich Ich Ich, ich hatte viel Bekümmernis … Wir machen unser Kreuz und Leid nur größer durch die Traurigkeit« – gab uns Grund zu lachen, Grund zu weinen.

Es trieb mich also an diesem freien Tag von der Wohnung meines Gastgebers durch die Altstadt.

Ich schlenderte rechts vorbei an der Paulskirche. Ein buntes Touristenvolk feierte das gute Wetter. Schulklassen, Studenten, Rentner, Liebespaare. Vor mir das Kitschpanorama der restaurierten Fachwerkhäuser. Kaffee und Frankfurter Kranz, Coca Cola, Äppelwoi … Ja, solch ein Gewimmel wollt ich sehn! Ich glotzte mit dem faustisch geschärften Blick unseres Klassikers aus dem Rokoko-Haus der Familie Goethe im Großen Hirschgraben in das lebendige Treiben und genoss diesen sonnigen Tag.

Dann überquerte ich den Römerberg, passierte den Justitia-Brunnen, flanierte die Passage weiter runter, vorbei am Historischen Museum Richtung Mainkai. In Erwartung des Flusses repetierte ich die jambischen Verse von Hölderlins »Ode an den Main«. Und nun erst, die reale Stadtlandschaft vor Augen, fiel es mir plötzlich und zum ersten Mal auf: Dieser verrückte Hölderlin foppt uns mit dem Titel. Man könnte fast behaupten, er betreibt einen Etikettenschwindel! Denn worüber schreibt der Dichter? Statt des Mains besingt er fast ausschließlich seine Sehnsucht nach »dem Schutt der Athenertempel«. Die »Ode an den Main« ist ein Lied voller Heimweh des Deutschen nach seiner antiken Seelenheimat, dem hellenisches Vaterland im Herzen. Die Strophen erzählen fast nur vom goldenen Herbst im trauernden Land der Griechen. Der Versezauberer verliert im erhabenen Gesang kaum ein Wort über den Fluss, der heute so eingemauert wie ein Kanal durch die Stadt fließt. Immer erstaunter, ja, manchmal fast lachend sagte ich mir das Gedicht auf.

Der Main

Wohl manches Land der lebenden Erde möcht
Ich sehn, und öfters über die Berg enteilt
Das Herz mir, und die Wünsche wandern
Über das Meer, zu den Ufern, die mir

Vor andern, so ich kenne, gepriesen sind;
Doch lieb ist in der Ferne nicht Eines mir,
Wie jenes, wo die Göttersöhne
Schlafen, das trauernde Land der Griechen.

Ach! einmal dort an Suniums Küste möcht
Ich landen, deine Säulen, Olympion!
Erfragen, dort, noch eh der Nordsturm
Hin in den Schutt der Athenertempel

Und ihrer Götterbilder auch dich begräbt;
Denn lang schon einsam stehst du, o Stolz der Welt,
Die nicht mehr ist! – und o ihr schönen
Inseln Ioniens, wo die Lüfte

Vom Meere kühl an warme Gestade wehn,
Wenn unter kräftger Sonne die Traube reift,
Ach! wo ein goldner Herbst dem armen
Volk in Gesänge die Seufzer wandelt,

Wenn die Betrübten itzt ihr Limonenwald
Und ihr Granatbaum, purpurner Äpfel voll,
Und süßer Wein und Pauk und Zithar
Zum labyrinthischen Tanze ladet –

Zu euch vielleicht, ihr Inseln! gerät noch einst
Ein heimatloser Sänger; denn wandern muß
Von Fremden er zu Fremden, und die
Erde, die freie, sie muß ja, leider!

Statt Vaterlands ihm dienen, solang er lebt,
Und wenn er stirbt …

Und schon hatte ich das Geländer der Kaimauer erreicht. Nach paar Stufen, den Sockel hoch, stand ich auf der Fußgängerbrücke, genannt der »Eiserne Steg«. Passanten in beiden Richtungen. Unter mir ein Lastkahn, wer weiß, auf dem Wege zum Vater Rhein und weiter nach Holland. Ich sah mich hungrig an dieser Idylle. Vielleicht gut hundertfünfzig Meter, und schon war ich am anderen Ufer. Von dort aus genoss ich das Panorama der Altstadt. Die Skyline eine drollige Mischung aus den Giebeln der alten Bürgerhäuser und stolzen Kapital-Palästen, die Wolkenkratzer der Deutschen Bank.

So stand ich lange und sah mich schließlich satt. Der Main floss träge dahin, ich drehte mich um und lief zurück ans lebendigere Ufer. Als ich ein paar Schritte gegangen war, kam mir ein seltsamer Mann entgegen. Ihn schmückte ein riesiger roter Schlapphut über dem Vollbartgesicht. Dazu ein rotweißkariertes Clownshemd über weiten Pluderhosen. Und eine Art weißer Latz hing ihm vor der Brust, ein Schild mit Aufschrift. Er schleppte eine Tasche. Und weil die wohl schwer war, trug er sie zusammen mit einem Halbwüchsigen. Jeder fasste einen Henkel. Als die beiden näher gekommen waren, entzifferte ich en passant die drei fetten Zeilen: »Mein Name ist – AREND KRAUTER – ich bin ein GENIE«.

Der Mann fixierte mich im Vorübergehen. An seinem starren Blick spürte ich: Der verwechselt mich mit Biermann. Mir schwante, dieses Genie will mich womöglich anquatschen. Also lief ich schmalärschig etwas zügigeren Schritts weiter. Mein Bedarf an Genies war gedeckt. Ich dachte an das Bonmot meines Meisters Hanns Eisler. Der blaffte mal bei einer Musikproduktion im Studio einen allzu klugscheißerischen Tonmeister an: »Mit Ihnen kann ich nicht arbeiten! Ein Genie bin ich selber!«

Zwei Genies auf dieser schmalen Fußgängerbrücke, grinste ich in mich rein, das war auch mir eine zu große Belastung. Ich schielte im Weitergehen vorsichtig nach hinten – und richtig! Das Genie war hinter mir auf dem Eisernen Steg stehen geblieben. Der Mensch hatte die Tasche auf den Boden gestellt und redete heftig auf seinen jungen Begleiter ein. Nun machte ich voran. Und als ich die gegabelten Abwärtstreppen links und rechts erreichte, drehte ich den Hals kurz um, unauffällig wie früher in Ostberlin, wenn irgendein Stasispitzel hinter mir her war. Im Augenwinkel sah ich die Bescherung. Das Genie stürmte, nun ohne die Tasche – und ganz offensichtlich hinter mir her. Ich flitzte flink die kleine krumme Treppe runter, rannte dann aber nicht Richtung Römerberg, sondern machte eine scharfe Volte. Unten auf der Straße sprang ich zurück ans Geländer der Kaimauer. Dort verharrte ich etliche Minuten in einer verpissten Steinbank-Nische. Nachdem ich lange genug gewartet hatte, kletterte ich wieder hervor und spazierte weiter auf meinem Weg ins Getümmel auf dem Römerberg. Dort wollte ich mir ein Eis kaufen.

Ich hatte Pech. Auf dem weiten Platz stand das Genie plötzlich vor mir, wie aus dem Boden gewachsen. Der Mensch baute sich vor mir auf und legte mit großer Geste seine rechte Hand übers Herz. Sein riesiger roter Damenhut sah aus wie vom Pferderennen in Ascot. Sein rotkariertes Hemd wie ein Kostüm im Karneval. Seine rotblaue Plüschweste spannte sich über dem Schmerbauch. »Herr Biermann, sind Sie *der* Biermann?« Ich war angefressen. Ich nickte. Und wollte nix wie weiter. Aber er krallte sich fest an meiner Jacke.

Nun klangen seine Worte schon wie Marktschreierei: »Es war vorherbestimmt, dass wir uns hier treffen. Ich kenne Sie, Herr Biermann! Ich weiß, ich weiß! Sie kennen mich nicht. Aber doch,

Sie werden mich kennen! Früher war ich ein gehemmter Mensch. Ich bin nur noch nachts aus dem Haus gegangen. Ich hatte Angst vor den Nachbarn. Und ja, ich habe getrunken. Aber nun bin ich trocken. Und mein Ruhm wird wachsen. Im Radio war ich schon zu hören. Und ein Auftritt im Fernsehen steht mir kurz bevor …« Einige Leute blieben stehen und starrten auf die Szene.

Seine Faust fesselte mich. Und er dröhnte ungeniert: »Herr Biermann, ich bin ein Genie! In meinem früheren Leben war ich Rembrandt! Sehen Sie her, meine Nase! Es ist die Rembrandt-Nase. Auch hier unterm Auge die kleinen Geschwüre im Tränensack, genau wie Rembrandt! Vor dreihundert Jahren natürlich.«

»Ah ja!«, stotterte ich und war damit schon fest engagiert als eine Figur in seinem Straßentheater. Ich sah mir seine Nase genauer an. Und murmelte: »Ich weiß nicht, was Rembrandt für ’ne Nase hatte …«

Nun blieben noch mehr Passanten stehn, ein gemischtes Publikum. »Ich habe seit dreihundert Jahren alles in der Welt verfolgt, bis heute. Ich bin inzwischen wiedergeboren als Arend Krauter. Ich bin ein Künstler – dieses Schicksal ist mir bestimmt! Alles ist vorherbestimmt. Auch, wenn ich in den nächsten sieben Jahren zu Weltruhm gelange, das ist mir vorherbestimmt! Und dann werde ich meinen Marktwert als Maler an mir vorbeidefilieren lassen. Früher hasste ich die Welt. Nur meine Mutter liebte mich …«

Er hatte mich, den Wolf, an der Leine wie einen Hund. Ich gab mich drein. Ich machte ihm den Kleindarsteller in seiner Inszenierung und lieferte den erwarteten Klappsatz: »Ich verstehe nicht …?«

Er guckte wütend: »Ey, Biermann, glaubst du etwa nicht an die Wiedergeburt der Seele in einem anderen Leben?«

Ich ärgerte mich und wollte nun dem Genie doch die Schau klaun, schließlich bin auch ich ein alter Gaukler. Ich log: »Oh doch, Herr Rembrandt, ich glaube sehr wohl an die Reinkarnation! Ich war nämlich in meinem vorigen Leben eine Ratte.«

Er guckte mich misstrauisch an. »Eine Ratte? Mensch, Biermann, willst du mich jetzt veräppeln?« Ich blickte entschlossen und spielte die Ratten-Rolle wie in einer richtigen Commedia dell'arte, in der zwar die Rollen festgelegt sind, die Dialoge aber von den Schauspielern frei improvisiert werden. Mir schoss es in den Sinn: »Genau! Ich war vor dreihundert Jahren eine Ratte in Amsterdam! Ich lebte als Barock-Ratte in der Rozengracht bei dem berühmten Rembrandt.«

Er schüttelte den Kopf und starrte irre gegen mich. Er keuchte: »Biermann, du Ratte, meinst du das etwa ironisch?«

»Ganz und gar nicht! Das ist alles vorherbestimmt. Ich war damals eine Ratte!«, sagte ich fröhlich, als wäre es das Natürlichste der Welt.

Nun schlug sein Ton wieder um ins Verbindliche:

»Ja, vorherbestimmt ist alles. Aber ich hab es da eben besser getroffen. Ich kam aus der Stadt Leiden am Neuen Rhein. Als Rembrandt van Rijn war ich ein weltberühmter Maler. Ich hab auch zwei Werke an den englischen König verkauft. Und ich hab die ›Nachtwache‹ gemalt. In Öl. Der Schinken hängt im Rijksmuseum. Auch mein jetziges Leben ist vorherbestimmt. Und mein Tod.«

»Oh«, sagte ich, »und wann sterben Sie?«

»Mit sechzig, genau mit sechzig. Jetzt bin ich fünfunddreißig, und erst seit zwei Jahren bin ich auf dem Weg zum Weltruhm!«

»Dann haben Sie nach der endgültigen Erlangung des Weltruhms ja noch viele ruhmvolle Jahre vor sich!«

»Ja, Herr Biermann, es ist alles vorherbestimmt. Ich habe früher viel gelitten, nur meine Mutter hat mich geliebt. Einen Vater hatte ich nicht. Und auch keine Liebste. Mit einunddreißig war ich zum ersten Mal mit einer Frau. Aber ich werde auch noch ein Frauchen finden, das ist vorherbestimmt. Saskia van Uylenburgh, das ist ja die Frau von Rembrandt.«

»Ach ja, Saskia, die kennt jeder! Die mit dem Rosmarinzweig in der Hand.«

Ihn schützte nun kein Misstrauen mehr vor meinem Übermut. Er bewegte sich sicher in seinem Wahn und prustete begeistert: »Die Saskia ist ja auch wiedergeboren. Meine Saskia heißt jetzt Helga Brauer. Sie wohnt in Köln.«

»Das wundert mich gar nicht«, nickte ich, »und wie praktisch! Sie kennen sich also schon dreihundert Jahre … So lange hab ich's noch nie mit 'ner Frau ausgehalten. Und, wird Saskia bald zu Ihnen kommen?«

»Nein!«, raunte mein Rembrandt, »noch ist es zu früh für die körperliche Liebe! Aber die kommt, das ist vorherbestimmt. Und das beunruhigt mich, Herr Biermann. Aber bitte, woher haben Sie die Gewissheit, dass Sie damals eine Ratte waren?«

»Eine Gewissheit ist es nicht, aber ich spüre es …«

»Also, ich habe die Gewissheit. Seit drei Wochen weiß ich, dass ich Rembrandt war. Aber Ratte? Wieso eine Ratte? Da müssen Sie ja noch viel Böses in sich herumtragen …, sehr viel Hass.«

»Oh ja, und das konnte nicht anders kommen. Diesen Hass spürte ich immer in Ostberlin gegen die Parteibonzen der SED. Aber wie kamen Sie zu der Erkenntnis, dass Sie Rembrandt sind?«

»Ach, wissen Sie, dass ich ein Genie bin, wusste ich schon immer. Ich war nur so gehemmt und konnte es nicht rauslassen. Aber jetzt werde ich immer stärker. Tief in mir ist die Gewissheit. Auch wenn viele noch gegen mich sind …«

»Sie werden also verkannt.«

»Oft. Aber das gehört dazu. Die Helga Brauer sieht genau aus wie Saskia. Und meine Ähnlichkeit mit Rembrandt, meine Nase. Sehen Sie, Biermann, allein die Ähnlichkeit macht manche Neider schon verrückt.«

»Ich verstehe. Die Physiognomie bringt das Wesen zur Erscheinung. Dann müsste ich ja wie eine Ratte aussehen!«

Das irritierte ihn. »Nein! Nein! Nein!«, widersprach er erschrocken. Doch dann funkelten seine Augen ein wenig kiebig. Er fasste mir ans Kinn, drehte meinen Kopf zur Seite und betrachtete mein Profil mit zusammengekniffftem Auge. »Doch …«, sagte er, »Moment …, wenn ich schärfer hinschaue … Ja, Herr Biermann …, eine Ratte, da erkenne ich bei Ihnen die Ratte!«

»Sehen Sie!«, sagte ich. Aber insgeheim ärgerte ich mich, wer will schon eine Ratte sein! Ist der jetzt verrückt, dachte ich, oder spielt der nur den Verrückten und ich bin der Verrückte, der mitspielt? Fast kippte ich aus meiner Rolle raus, doch ich wollte im Spiel bleiben. »Ja, Herr Rembrandt«, sagte ich, »auch das ist vorherbestimmt! Ich hab vor dreihundert Jahren als Ratte in Ihrem Haus gelebt! Und wenn kein Brot im Schapp war, hab ich mich auch mal in Ihre Leinwände reingefressen …«

»Nein, um Gottes willen! Nicht das!«

»Malen Sie auf Leinwand im Keilrahmen?«, fragte ich.

»Ja, natürlich, wie Rembrandt. Nicht mit Acryl, immer mit Ölfarben.«

»Ich mochte als Ratte damals die Hanffasern im

Leinen. Das hatte was. Aber ich hab nur die leckeren Landschaftsbilder angefressen, niemals die Porträts!«

Nun flackerte wieder Misstrauen in seinen Augen: »Machen Sie sich jetzt lustig?«

»Im Gegenteil, lieber Herr Rembrandt. Aber jetzt muss ich Ihnen auch mal die peinliche Wahrheit sagen. Sie werden es vergessen haben, wahrscheinlich verdrängt. Was ist schon eine Ratte wert! Sie haben mit Ihrem Holzpantoffel nach mir geschmissen!«

»Hab ich das?«, fragte er erschrocken.

»Oh ja, und Sie haben mich erwischt. Ich war betäubt und konnte nicht weglaufen. Und so haben Sie mich einfach totgetrampelt, auf Plattdeutsch: so gaanz to Matsch.«

»Nein!«, stöhnte er.

»Oh doch! Aber das ist lange her. Nun bin ich ja wiedergeboren als der deutsch-deutsche Liedermacher. Ich war im Leben vorher ja auch mal ein Baum.«

Das gefiel meinem Rembrandt. Sein Gesicht leuchtete auf, er nickte mir zu und dozierte begeistert: »Das macht Sinn! Ein Baum! Das ist der Kreislauf: erst Pflanze, dann Tier, dann Mensch.«

»Genau! Als Pflanze war ich ein Olivenbaum. Ein ziemlich langes Leben übrigens, in Andalusien. Deswegen spiel ich ja auch in meinem neuen Leben Gitarre. Das hat sich eingraviert in mein unbewusstes Tiefengedächtnis.«

»Ja, ja, lieber Herr Biermann, das ist alles vorherbestimmt. Und grade weil ich solche Komplexe hatte, ist was aus mir geworden. Das Genie der Malkunst, Arend Krauter! Aber das mit der Ratte … tut mir ehrlich leid. Ich konnte ja damals nicht wissen, dass aus Ihnen dann im nächsten Leben der Biermann wird, lieber Biermann.«

»Mein Freund«, sagte ich, »das muss Ihnen nicht leidtun. Auch das ist ja alles vorherbestimmt, im ewigen Kreislauf des Lebens! Im nächsten Leben werde ich vielleicht ein Stein. Ein Edelstein oder ein Ziegelstein, oder ein Gallenstein.«

Ich hatte es mir inzwischen in meiner Rolle als Kleindarsteller bequem gemacht und wurde nun fast übermütig wie ein Regisseur. Doch plötzlich wandte mein Rembrandt sich ab. Er ließ mich nicht mehr mitspielen. Er drehte sich theatralisch zu den Gaffern rundum, kletterte auf den Rand des großen Brunnens, posierte wie der Hauptdarsteller im Bühnenbild. Er riss die Rechte hoch und hielt nun mit der Linken sein Herz fest. Und sang mit gewaltiger Stimme krimkosakische Knödellieder, von denen ich nicht ein einziges Wort verstand. Vielleicht war er in einem früheren Leben auch mal ein Chorsänger gewesen in einem Kulturensemble der sowjetischen Streitkräfte nach dem Krieg.

Fast war ich geärgert, dass er jetzt ohne mich so munter weitermachte. Aber dann sah ich meine Chance, verdrückte mich von unserer Bühne und tauchte unter in der Menge. Ich lief vorbei an der Paulskirche und direkt zu der Straße, in das Haus von Martini. Kaum in der Tür, überschüttete ich meinen Freund mit dieser verrückten Geschichte: »Stell dir vor, Jochen …«

Und als ich fast die ganze Geschichte durchhatte – der Eiserne Steg, der Mann, die Verkleidung, das Genie, der Dialog, Rembrandt, Saskia, die Ratte, der Baum –, fiel mir plötzlich ein: die Ode! »Und weißt du, Jochen«, schloss ich, »Hölderlins Ode, die hab ich mir noch gar nicht bis zum Schluss aufgesagt …«

Statt Vaterlands ihm dienen, solang er lebt,
Und wenn er stirbt – doch nimmer vergeß ich dich,
So fern ich wandre, schöner Main! und
Deine Gestade, die vielbeglückten.

Gastfreundlich nahmst du, Stolzer! bei dir mich auf
Und heitertest das Auge dem Fremdlinge,
Und still hingleitende Gesänge
Lehrtest du mich und geräuschlos Leben …

»Und noch was, Martini«, fuhr ich fort, »kennst du eigentlich meine Lieblingsstelle aus dem ›Hyperion‹? ›Voll Lieb und Geist und Hoffnung wachsen seine Musenjünglinge dem deutschen Volk heran; du siehst sie sieben Jahre später, und sie wandeln, wie die Schatten, still und kalt, sind wie ein Boden, den der Feind mit Salz besäete, dass er nimmer einen

Grashalm treibt; und wenn sie sprechen, wehe dem! der sie versteht, der in der stürmenden Titanenkraft, wie in ihren Proteuskünsten den Verzweiflungskampf nur sieht, den ihr gestörter schöner Geist mit den Barbaren kämpft, mit denen er zu tun hat.‹«

»Ja«, nickte mein Freund, »aber nu hör auf mit dieser Zitaterei. Du bist ja genauso verrückt wie der Verrückte auf dem Römerplatz. Der hält sich für Rembrandt und du dich für Hölderlin. Das genau sind die Proteuskünste! Ach, Wolf, überleg es dir noch mal mit dem Kommunismus. Ich hab es dir doch erzählt: Ich bin in Chile geboren, darum gaben meine Eltern mir ja auch den Namen Joachim Carlos. Als deutsche Juden versuchten, sich zu retten, und viele nach Südamerika, da sind meine Eltern mit mir heim ins Reich zurückgekommen. Heil Hitler! Das Jahr der Kristallnacht 1938. Da war ich grade sieben Jahre alt. Ich habe später das Frankfurter Archiv ›Verfolgtes Musikleben in der NS-Zeit‹ gegründet. Als Linker gegen die Generation meiner Eltern. Bleibe du bitte ein Kommunist. Ein kritischer, versteht sich. Trotz Stalin und all dem Morden. Mir zuliebe.«

»Nein«, sagte ich, »aber das ist Geschichte. Und ist eine andere.«

Meine Geigen-Gitarre

Die Geige gibt es. Eine Geige mit dem großgeschriebenen DIE, will sagen: *die* endgültige Geige gibt es seit Stradivari. Geigenmacher in aller Welt arbeiten vor sich hin an ihrer feinen kleinen Tischlerbank. Bei der Arbeit schielt so ein Handwerker immerzu in die Vergangenheit: Er möchte eine alte Stradivari neu zaubern können. Denn klingen soll sie wie das Werk der goldenen Hände des Antonio Giacomo Stradivari. Der wiederum war der ideale Schüler des begnadeten Nicolo Amati, denn er übertraf seinen Meister.

Die vollendete Gitarre hingegen gibt es noch nicht. Meister Stradivari in Cremona hat zwar gelegentlich auch mal eine Gitarre zusammengeleimt. Aber *die* Gitarre konnte auch ihm so nebenbei kaum gelingen. Und das ist der Grund, warum bis heute alle Gitarrenbauer der Welt dermaßen besessen sind. Sie belauern einander auf der Suche nach der finalen Lösung. Der ein oder andere von ihnen wurde seither als Meister aller Meister gefeiert, oder er kürte sich selbst gar zum Messias des Gitarrengottes. Aber nix da! Dieser Wettkampf ist noch lange nicht entschieden.

In der Instrumentenbauerstadt Markneukirchen im Vogtland bin ich oft genug gewesen. Als der bedeutendste Gitarrenbauer gilt bis heute Richard Jacob. Im Kaiserreich geboren, ist er in der DDR über achtzig Jahre alt geworden. Und weil in diesem Städtchen Markneukirchen zu viele Familien Meinel heißen oder Hoyer oder Jacob, wählte er für seine Ein-Mann-Werkstatt den Firmennamen »Weißgerber«. Er wurde im Ort »der Weißgerber-Jacob« genannt.

Unter den besten Instrumentenbauern gibt es zwei extrem entgegengesetzte Charaktere: den bedächtigen Rationalisten und den unsteten Romantiker. Beide immer auf der Suche nach der Stradivari unter den Gitarren. Der eine Typ baut stur das immer gleiche Instrument. Jedes gelingt ihm gleich gut, und womöglich jedes Mal um ein Winziges besser.

Weißgerber suchte anders. Er wollte ausprobieren, wollte finden und erfinden. Er experimentierte wie wild. Und probierte auch ungewohnte Materialien. Als ihm in den zwanziger Jahren ein toller neuer Werkstoff in die Finger kam, baute er einen Schalltrichter aus Aluminiumblech in das Schall-Loch seiner Konzertgitarre. Das war freilich eine kuriose Verbesserung, die sich bald als ein metallener Holzweg erwies.

Weißgerber-Jacob wurde berühmt. Er produzierte seine Instrumente nicht, wie die meisten Gitarrenbauer, für einen der drei, vier reichen Großhändler, die sich selbst »Verleger« nannten und des Städtchens Nabelschnur zum Weltmarkt waren. Der Jacob belieferte diesen globalen Handel nicht, sondern baute auf Bestellung für ihm vertraute Kleinhändler, auch im Ausland, und am liebsten für einzelne Virtuosen. Seine Kunden besuchten ihn, der Meister fertigte die Gitarre nach des Herrn Künstlers Sonderwünschen. Und er verdiente dabei so gut, dass er nicht nur ohne Rast, sondern vor allem auch ohne Hast an seinen Instrumenten arbeiten konnte.

Wenn er eine Gitarre für irgendeinen Kunden in der Mache hatte, eine interessante neue Variation, dann baute er gern zwei Exemplare parallel. Er behielt ein Instrument zur Orientierung, als Markstein auf seinem Weg. Und er hortete am liebsten die Gitarre für sich, die er selbst für besser gelungen hielt. So kam es, dass in seinem Nachlass ein paar Hundert fertige und halb fertige Instrumente lagen. Diesen Schatz behütete er in einer fensterlosen und klimatisierten Kammer. Die Gitarren hingen da dicht an dicht an der Decke wie die Fledermäuse in der Höhle, ich dürfte auch sagen: wie Schweinehälften im Schlachthaus.

Richard Jacob hatte zwei Söhne. Es war wie in einem grimmschen Märchen: Den einen liebte er von Herzen und lehrte ihn seine hohe Kunst. Der Junge war begabt und hatte die goldenen Hände des Vaters geerbt. In der gemeinsamen Werkstatt verriet der Meister dem Lehrling all seine Tricks und Kniffe. Der junge Mann sollte einmal sein Erbe werden. Und vor allem sollte dieser hoffnungsvolle Schüler – wenn es dem Meister selbst nicht vergönnt ist – dermaleinst des Vaters Lebenswerk vollenden und die Gitarre aller Gitarren bauen.

Den anderen Sohn aber achtete der Vater gering. Dieser zweite hatte, aus seiner Sicht, nur zwei linke Hände. Er galt dem Vater als Dumpfbacke. Diesen Sohn schickte er weg zum Studium, der sollte lieber Lehrer werden. Und ach! – weil grad auch Markneukirchen begeistert in das Tausendjährige Reich marschiert war, wurde aus dem jungen Schulmeister ein Heil-Hitler-Lehrer. Seinen Unterricht begann er in dieser Hochburg der NSDAP nicht mit »Guten Morgen!«, sondern mit dem Deutschen Gruß. Die Kinder lernten das Einmaleins wie das Strammstehn. Und bei ungehorsamen Buben war er gefürchtet für sein pädagogisches Tatzengeben.

Als der Führer Kanonenfutter für seinen Weltkrieg brauchte, wurden beide Söhne eingezogen zur Wehrmacht. Der Vater blieb in Markneukirchen in seiner Werkstatt zurück. Er zitterte um die Söhne, um den einen mehr als um den anderen. Der eine erfror in der Schlacht um Stalingrad. Und der andere geriet in Gefangenschaft. Mit einer abgestorbenen Fußzehe und einer erfrorenen Seele kam er aus den russischen Wintern nach Jahren wieder nach Hause gehumpelt.

Und welcher der beiden Brüder war am Leben

geblieben? In der fatalen Logik des Märchens natürlich der Lehrer. Gefallen war dem Vater also der Falsche. Mit gebrochenem Herzen begrüßte er den Heimkehrer, seinen nichtsnutzigen Samen. Er verachtete ihn, im Kummer über den Verlorenen, umso mehr.

In der grad gegründeten DDR hätte der Nazi-Lehrer in Markneukirchen Lehrer bleiben können, wenn er in die SED eingetreten wäre. Das wollte er nicht. Warum? Mir erklärte er finster: »In die NSDAP wurde ich reingezwungen, ich lass mich nie wieder wo zwingen.« Aber solch ein unbelehrbarer Lehrer wurde von den Funktionären der neuen Macht nicht zugelassen, die Jugend zu formen. Formen sollte so ein sperriger Mann höchstens Holz, all die klingenden Tonhölzer: die Fichte von den unwirtlichen Nordhängen mit den feinsten Jahresringen, den Palisander, Ahorn und Zeder, Mahagoni und Esche. Aber nicht am »Neuen Menschen« des Kommunismus rumpfuschen.

Der missmutige Meister Jacob war gezwungen, seinen Sohn Martin in die Lehre zu nehmen. Hartherzig brachte der Vater dem Ungeliebten das Notwendige bei. Er sollte zwar wenigstens die Meisterprüfung bestehen, aber mehr nicht! Nur das Allernötigste! Die intimsten Geheimnisse der höchsten Gitarrenbaukunst wollte er diesem Sohn nicht verraten.

Kalte, stumme Zwietracht in der Werkstatt. Jeder

an seiner Werkbank vor den beiden Fenstern. Der Vater strafte den Sohn mit seiner sturen Ablehnung. All die Jahre standen sie so nebeneinander, jeder arbeitete vor sich hin an seinem Instrument. Den Ofen musste immer der Sohn heizen. Sie atmeten die gleiche verrauchte Luft. Nie aßen sie in der guten Stube, sondern immer nur in der Küche auf die Schnelle. Pellkartoffeln mit Quark und Leinöl, Kartoffelsuppe, Kartoffelbrei. Im Vogtland sind Kartoffeln Erdäppel. Am Sonntag auch ein Fleisch. Aber zwischen den Männern kein freundliches Wort, Jahr für Jahr. Die Frau des Sohnes konnt's nicht aushalten und ging weg mit der Tochter.

Und viel zu wenig Geld. Offiziell eine Mark und einundfünfzig Pfennige Stundenlohn für einen selbstständigen Meister! Im VEB verdienten sogar die Gesellen mehr. Damit wollten die SED-Genossen die privaten Handwerker in die Knie zwingen. Alle Instrumentenbauer im Ort mussten mit irgendwelchen Tricks betrügen bei den Abrechnungen. Und weil es jeder vom anderen wusste, standen sie immer mit einem Bein im Gefängnis. Das würgt den Handwerkerstolz, auch wenn man nicht erwischt wird.

Aber all das war nicht das Schlimmste. Das Schmerzhafteste für den misshandelten Sohn war, dass der Alte sich manchmal länger zur Seite drehte. Dann sah der Ungeliebte nur des Vaters Rücken. Und wusste: Jetzt richtet der Meister wieder irgendetwas Besonderes an seiner Gitarre. Die Weißgerber-

Geheimnisse. Und die, so wollte es der Vater, sollte sein verachteter Sohn nicht wissen. Er gönnte es seinem falschen Sohn nicht. Dem Bruder hatte er alles gezeigt. Aber diesem Martin: Nein! Er wollte den Sohn kleinhalten. Aus Gram darüber, dass der am Leben geblieben war. Es war wie Tatzengeben aufs Herz. »Und wissen Sie was?«, sagte mir der Weißgerber-Sohn. »Dieser böse Mensch hatte gar keine Geheimnisse. Da ist auch viel Angeberei dabei. Meine Gitarren sind genauso gut wie seine. Aber die eingebildeten Kenner wollen nur eine echte. Die richte ich ihnen her aus dem Nachlass. Manchmal fehlen die Bünde auf dem Griffbrett. Manchmal fehlt noch der Hals. Oder ich repariere einen Stockriss. Da kommen auch Kunden aus dem Westen. Aber an die darf ich privat nichts verkaufen für Westgeld. Das darf nur der VEB Musima.«

Die Gitarre ist nun mal eine Frau. Das sieht jeder auf den ersten Blick. Aber es gibt auch einen zweiten Blick. Mag sein, nur in meinen Männeraugen ist die Gitarre weiblich: eine Dame, ein Weib, eine Hure, eine Göttin, eine Hexe. Die Zargen schön kurvig gebogen, die schlanke Taille über der üppigen Hüfte. Jeder ungewaschene Anfänger kann mit dreieinhalb schmutzigen Griffen auf ihr rumfummeln. Aber die Virtuosen schuften sich an ihr ab. Denn die Gitarre ist noch widerspenstiger und launischer als jedes Tasteninstrument.

Den gleichen Ton findet die Greifhand auf verschiedenen Saiten in den verschiedenen Lagen. Und die Spielhand kann raffinierte Register ziehn. Nicht nur laut und leise, sondern brillant hart am Steg und seelenweich überm Loch oder abgestumpft ohne Obertöne oder scharf bissig. Das Klavier mit seinen Tasten spielt sich dagegen wie eine Schreibmaschine. Na ja, das sind so Vergleiche. Die stimmen alle nicht mehr, wenn ein begnadeter Mensch solch ein Instrument anfasst.

Es war ein Tag im traurigen Monat November in Berlin, Anfang der sechziger Jahre. Ich war auf dem Weg zur Ackerhalle im Kiez Mitte. Die beliebte alte Markthalle, Ecke Ackerstraße-Invaliden. Lauter winzige Verkaufsstände unter einem hohen Dach. Lebensmittel, Seife und Krimskrams. Da gab's manchmal was zu kaufen, was es nicht gab.

Ich kam vorbei an dem kleinen Konsum-Laden für Musikinstrumente. Typisch Konsum, die volkseigene Handelskette: Instrumente wie sonst in den Regalen Fischdosen, Schnaps, Eier, Brot und Butter. Hier also Geigen, natürlich diverse Mundharmonikas, auch chromatische. Mandolinen, Balalaikas, Kinder-Xylofone, Trompeten, Tamburine und Schlagergitarren mit Tonabnehmer. Trommeln, na klar, eine Schalmei und ein richtiges Banjo sogar. Alles nix für mich.

Neben der verrotteten Ladentür nur ein Schaufenster, dekoriert seit Jahren mit einem vergilbten Ulbricht-Bild. In dieser Auslage sah ich im Vorübergehen ein Weltmeister-Akkordeon vom VEB Klingenthal und all die obligaten Blockflöten in C und F. Doch plötzlich faszinierte mich eine aparte Jungfrau: eine Gitarre. Sie hing da nackt an der schmalen Seitenwand des Schaufensters. Und war was ganz Delikates. Ein schmalhüftiges Salon-Gitarrchen. Keine Mutter, kein Weib, es war mehr eine magere junge Frau.

Ich ging in den Laden und störte die Verkäuferin beim Stricken. Sie stieg auf einen Bock, holte mir das Instrument runter und strickte weiter. Es war Liebe auf den ersten Blick. Ich nahm die Schmalgebaute auf den Schoß und stimmte sie gleich mal. Das war gar nicht so einfach, denn sie hatte keine normalen Mechaniken, sondern Geigenwirbel, gedrechselt aus braunem Ebenholz. Jedes der sechs polierten Köpfchen schmückte ganz oben ein Knöpfchen. Echtes Elfenbein etwa? Das konnte also kein Mädchen sein, sondern war eine kleine Prinzessin. Wie gerät solch ein Luxus in einen Konsum-Laden?

Ihr Klang-Körperchen hatte natürlich wenig Wumms. Ein kleiner Ton. Aber immerhin ein feiner. Und sie spielte sich leicht, fast wie von selber. Die Saiten lagen angenehm flach über den Bünden. Der Hals schön schmal, bequem für meine linke Hand. Ich bin kein klassisch ausgebildeter Gitarrist. Mein Daumen gleitet beim Spielen immer ein Stückchen zu weit rumgeklammert um den Gitarrenhals, wie es die Jazzgitarristen machen.

Ich fragte: »Was kostet die?« Die Fachverkäuferin legte ihr Strickzeug beiseite und schaute nach in einer Liste: »320 Mark!« – »Oh«, sagte ich, »das ist sie bestimmt wert. Aber ich bin Student, für mich bisschen teuer.« Die Frau kam zu mir herüber, nahm mir wortlos die Gitarre aus der Hand und hängte sie wieder an ihren Platz am Haken im Schaufenster. Dann strickte sie weiter. Abgetörnt verließ ich den Laden, stiefelte raus auf die Invaliden. Und ärgerte mich über meinen Geiz. So lief ich in die Ackerhalle, fand dies und das, und kam mit Graubrot und Butter, einem Pfund Tomaten und einem Weißkohl wieder nach Hause.

Ein Jahr später hing die Gitarre immer noch am Haken im Fenster, nun schon elend wie eine Gehenkte. Inzwischen klafften im Holz ihrer Decke zwei tiefe Risse links und rechts vom Steg runter zum Klangloch. Und meine kleine Freundin flüsterte mir zu: »Rette mich! Hol mich raus hier! Ich bin eine Konzertgitarre aus gutem Hause! Ich geh kaputt hier im Schaufenster! Die Sommer sind schlimm, und der Winter noch schlimmer. Der Frost, die feuchten Kältetage, die trockenen Hitzewochen. Und draußen an der Scheibe glotzen die Leute immer nur auf das blöde Akkordeon. Im letzten Jahr fragte ein Kunde nach mir. Der begrapschte mich mit seinen plumpen Fingern. Ach, lieber Biermann«, barmte sie, »du bist doch der Liedermacher, kauf mich frei! Mit dir möchte ich leben, wie in alten Zeiten, als die zweite oder als deine dritte oder vierte Frau neben deinen andern Gitarren!«

Ihre Klage stach mir ins Herz. Wie ein forscher Freier ging ich wieder in den Laden. Ich nahm meine Schöne einfach selbst vom Haken und legte sie mir übers rechte Knie. »Soll die immer noch 320 Mark kosten?«, fragte ich bisschen zu laut. Die Verkäuferin war genervt: »Die kostet, was sie kostet, mein Herr.«

»Aber sie ist nicht mehr das, was sie mal war!«

»Ist das meine Sache?«, blaffte die Frau.

»Wessen Sache denn? Jetzt ist das Deckenholz schon aufgerissen. Etwas billiger würde ich sie kaufen. Ich könnte mir das selber reparieren.«

Die Verkäuferin verdrehte die Augen. »So was geht gar nicht. Ham se etwa noch nie was von EVP läuten jehört?! Das steht doch sogar auf jeder Klobürste: Einzel-handels-Verkaufs-Preis! Manche sagen auch Endverbraucherpreis. Das ist der Festpreis vom Staat. Daran ist nichts zu ändern.«

»Wer entscheidet denn so was?«

»Niemand. Die da oben. Ich schon gar nicht.« Und als ich sie bat, ob sie nicht mal »da oben« nachfragen könne, schimpfte sie schroff: »Bin ich Jesus? Ich bin doch nich verrückt!!«

Nach diesem Wortgeplänkel über die Gesetze der Politischen Ökonomie im volkseigenen Handel verließ ich den Laden. Wieder ärgerte ich mich. Aber über wen? Über die Verkäuferin? Über die DDR?

Über mich? – Also ärgerte ich mich etwas bequemer einfach über alles.

Paar Monate später, auf dem Weg in die Ackerhalle zum Einkaufen, sah ich im Vorübergehn den nächsten Akt dieser Tragödie: Der aufgeleimte Steg war vom Deckenholz losgebrochen und hing elend an den sechs Nylonsaiten. Was 'ne Schildbürgerei in diesem Idioten-Sozialismus! Was 'ne dämliche Vergeudung! Das ist die missgelaunte Sklavenwurschtigkeit in der Planwirtschaft, dachte ich. Sie macht uns alle zu Kretins. Keiner ist verantwortlich für nichts hier. Im Jargon jener Jahre: »Privat geht vor Katastrophe.« Wütend ging ich meiner Wege.

Eines Tages, es waren gut zwei Jahre vergangen, rief mich die Mutter meiner Freundin Jutta Voigt an: »Du, Wolf, ich hab hier vielleicht was Interessantes für dich. Komm mal gleich hier in mein Büro.« Ich lief die paar Schritte rüber in die Oranienburger. Hinter der Ecke Tucholsky die abgebrannte Synagoge. Vom linken Flügel neben dem orientalischen Kuppelskelett stand noch ein heiler Rest der Ruine. Über der zweiten Etage war nach dem Krieg ein provisorisches Pappdach gebaut worden. Unten am Eingang ein Firmenschild: KONSUM. Das Logo im Sinne des Hammer-und-Sichel-Symbols: ein roter Fabrikschornstein unterm Rauchfähnchen, kombiniert mit einer dicken bolschewistischen Handsichel – und das ergibt sehr sinnig den roten Großbuchstaben »K«.

Meine alte Freundin hatte hier als Sachbearbeiterin im Büro der Handelskette ihren Arbeitsplatz. Ich sprang die alte Steintreppe hoch, und schon stand ich in ihrem Büro vor einem Leichenberg. Ja, Leichen. Aus Holz. Lauter Musikinstrumente. Alle kaputt. Kreuz und quer übereinandergeschmissen. Mich erinnerte dieser Anblick automatisch an ein mir ins Gedächtnis eingebranntes Schreckensfoto: die ausgemergelten Toten, die übereinandergeworfenen Körper der verhungerten Häftlinge im KZ Bergen-Belsen. Die britischen Soldaten hatten bei der Befreiung des Lagers das Unglaubliche dokumentiert.

Und hier all diese Kadaver, ausgerechnet in der Synagoge! Surrealistische Symbolik! Ein Durcheinander von kranken und toten Saiten-Instrumenten, alle selektiert, wegen irgendwelcher kleineren oder großen Mängel. Die stockdürren Arme und Beine der Verhungerten, die kahlen Schädel mit den aufgerissenen Mundlöchern. Hier waren es zum Glück nur hölzerne Schall-Löcher.

Eine Bassgitarre mit dem zweiten Hals, schräg angesetzt für die tiefen Saiten. Die sah mir aus wie gesund. Drüber und drunter allerhand zerrissene Konzertgitarren, angeknackste Schrumm-Schrumm-Wimmerhölzer. Verwundete Ukulelen, ramponierte Elektrogitarren, zerdetschte Geigen und Bratschen. Ein zersplittertes Cello, eine dickbauchige Laute mit zerfetzter Decke, todkranke Mandolinen.

All diese ruinierten Instrumente waren von

sämtlichen Verkaufsstellen ausrangiert und in der Konsum-Zentralverwaltung abgeliefert worden. Wieder-heile-Machen lohnte sich nicht. Jede dieser angeschlagenen Kostbarkeiten sollte nun, wenn überhaupt möglich, für fünf Mark abgegeben werden oder weg damit!

Was Wunder – ich stand fassungslos vor diesem sarkastischen Monument der sozialistischen Planwirtschaft. Was für eine barbarische Ansammlung! Am liebsten wäre ich gleich wieder umgedreht, bloß raus hier! Doch plötzlich entdeckte ich meine Geliebte. Sie winkte mir. Ihr fein geformter, langer Hals ragte aus dem Haufen. Die Tote war leicht zu identifizieren. Nur meine kleine Freundin aus dem Konsum in der Invalidenstraße hatte ja solch einen exklusiven Kopf mit den noblen Ebenholz-Wirbeln. Ich zog sie vorsichtig raus. Sie flüsterte nichts, sie sagte kein Wort mehr zu mir. Und ich sah auch, warum. Es war ihr inzwischen noch viel schlimmer ergangen: brutal weggeknickt ihr schlanker Hals vom Resonanzkörper. Er hing nur noch schlenkrig fest an der Bruchstelle am Corpus.

Und alles meine Schuld! Ich hatte doch vor paar Jahren Geld genug! Ich hätte sie freikaufen können auf dem Markte, als sie noch munter lebte! Wolf Biermann, du schäbiger Geiz-Mörder! Ich nahm mir aus diesem Leichenhaufen auch die Bassgitarre, dazu noch eine leicht angeknackste Ukulele, und bezahlte lächerliche fünfzehn Mark.

Bei meinem nächsten Besuch in Markneukirchen wohnte ich am Berghang im Gartenhäuschen meines Freundes, bei dem Gitarrenbauer Adolf Meinel. Ich brachte ihm meine Geliebte aus dem Konsum. »Kannst du mir die wieder lebendig machen?« Er schüttelte den Kopf: »Ich bin nicht der liebe Gott, der Leben einhauchen kann. Der Steg ist kein Problem, den leime ich dir stabil wieder auf. Aber der Hals! Der ist rausgebrochen!« Die Gitarre, das sah Meinel A. sofort, stammte aus der Werkstatt Albert Theodor Heberlein. »Der konnte Geigen bauen, besser als alle andern! Aber Gitarren, die konnte er nicht.«

Meine Zarte hatte Heberlein aus Geigenholz gebaut. Boden und Zargen, wie immer bei der Violine, aus geflammtem Ahorn. Sie hatte keinen spanischen Hals wie die Torres-Gitarre, und auch nicht den typisch deutschen, den doppelten Schwalbenschwanz. »Spanisch oder deutsch, egal«, schimpfte der Gitarrenbauer, »aber das hier ist Geigenbauer-Pfusch. Der Zug, den eine Gitarre aushalten muss, liegt bei zwei Zentnern Gewicht, auf sechs Saiten verteilt. Da muss der Hals schon so gebaut sein, dass er sich auch ohne Leim fast selber hält im Block.« Meine Gitarre war also ein Zwitter mit falsch angesetztem Hals. Eben darum war er gebrochen.

Ich begriff: Da war nix mehr zu retten. Und mir biss der Tod meiner schmalen Jungfrau ins Gewissen. Ich liebte diese Kleine. Wär ich nicht so dumm gewesen, ich hätte mit ihr leben können! Und so klagte ich meinem Freund unsere verpatzte Liebesgeschichte.

Ich weiß nicht, ob der alte Meister Meinel A. mehr gerührt war oder amüsiert, dass ich über den Verlust einer klingenden Holz-Frau rede wie über eine lebendige Geliebte. Vielleicht hat es ihn auch als Handwerker gereizt – er sagte jedenfalls: »Na gut. Es ist zwar eine Todsünde, aber für dich mach ich das. Ich könnte … eine starke …, eine massive Eisenschraube reinsetzen, die würde dann alles halten. Es ist eine Schande mit so einer Schraube. Aber für dich, mein Freund, will ich es versuchen!«

Meinel A. machte sich ran an meine Tote. Er fügte die Elemente erst mal lose zusammen wie ein Puzzle. Dann raspelte, schliff und schmirgelte er die Bruchstellen glatt. Er spannte die Teile stabil ein. Der Meister bohrte durch den Fuß des Halses und in den Holzblock, der im Innern des Bauches die Zargen zusammenhält, ein brutales Loch vor. Genau 5,8 Millimeter stark für die Sechs-Millimeter-Schraube und vielleicht gut fünf Zentimeter tief. Den Knochenleim, flüssig im Wasserbad, pinselte er zügig auf die Flächen. Schnell fixierte er die Teile.

Und dann beging er die unerhörte Sünde: Er drehte brutal mit einem schweren Schraubenzieher meiner eleganten Geliebten die Schraube tief ins Holz. Und damit kein Klugscheißer es jemals bemerkt und zermeckert, fertigte er auch noch eine Sichtblende an. Er schnitzte ein schwarzes Plättchen aus einem Rest Ebenholz. Zur Vollendung seiner Reparatur überklebte er mit dieser simplen Camouflage den Schraubenkopf. Nur ein Röntgenapparat könnte des Meinel A.s sympathische Sünde je entlarven. Die Operation gelang. Die Patientin, meine Geigen-Gitarre, lebte wieder.

Ich reiste glücklich mit meiner reparierten Geliebten zurück nach Berlin. Wir wurden ein inniges Liebespaar. Die Schöne begleitet mich durch meine Lebensreise nun bald schon sechzig Jahre. Inzwischen sind wir längst ein uraltes Paar, und ich bin kein alter Mann mehr, sondern ein blutjunger Greis. Mancher Kenner bewundert meine Treue für ihre feine Form, die elegante Taille, ihre extravaganten Geigenwirbel mit den elfenbeinfarbenen Knöpfen. Aber ihr eisernes Geheimnis, am Hals versteckt unter dem Schönheitsfleck aus noblem schwarzem Ebenholz, das kann keiner erraten. Und geht auch keinen Menschen was an.

Inhalt

Garance comme une fleur 5
Die Liebe ist eine Produktion 23
Der kleine Versager 41
Die sieben Finger von Ekkehard Schall 59
Bin ick 'n Mensch? 69
Monika. Das leuchtende Kind vom Hinterhof 77
Das Gedicht vom Fisch, der zerschnitten wird 89
»Dis is jarkeen Leben, dis is ploß Kunst!« – Oma Meume 101
Wo is mein Kohlen-Otto bloß jeblieben? 119
Raubtiere in der Manege 133
Das weiche Herz 149
Die Verhaftung der Schuldigen 173
Miriam Makeba 189
Seelengeld 205
Die beißwütige Barbara 217
Zwei Selbsthelfer 235
Wolf, die Ratte 251
Meine Geigen-Gitarre 269

Kurzer Lebenslauf für Pamela

Im Streit der Welt, im Klassenkampf
Im ewigen Spiel der Geschlechter
Ward ich meines Vaters getreuer Sohn
Als kleiner Soldat im Freiheitskrieg
Ein tapfrer und halbwegs gerechter

Was sichelten wir! was hämmerten wir!
Im Arbeiter- Bauern- und Bonzenstaat
Ach, Liebchen, in meinen Jugendtagen
Auf alles hatt' ich die Antwort parat
Erst, als ich dich traf, dämmerten mir
Auch endlich die tieferen Fragen

Erst in deinen Armen ward ich ein Mann
Im Spiele des Nehmens und Gebens
Ich blieb der ich bin, seit ich dich gewann
Und würde ein Anderer, endlich! Das war
In der Hälfte schon meines Lebens